통장가압류 방법과
정식재판청구서 작성실무

편저 : 대한실무법률편찬연구회
(콘텐츠 제공)

법문북스

통장가압류 방법과
정식재판청구서 작성실무

편저 : 대한실무법률편찬연구회
(콘텐츠 제공)

 법문북스

머리말

　채무자가 제3채무자 금융기관으로부터 가지고 있는 예금을 다른 곳으로 은닉하거나 빼돌리지 못하게 동결시켜 묶어두는 보전절차를 실무에서는 채권가압류라고 합니다.

　통장가압류 혹은 예금가압류는 하나의 채권에 속하므로 실무에서는 채권가압류라고 합니다.

　가압류는 목적물에 대한 성질에 따라 부동산가압류, 유체동산가압류, 채권가압류 등으로 분류되는데 통장가압류는 채권가압류라고 합니다.

　채무자가 이행을 하지 않을 경우 채권자가 채무자를 상대로 채무명의를 얻기까지는 상당한 시일이 소요되기 때문에 소송 도중에 채무자가 제3채무자 금융기관에게 가지는 예금을 은닉하거나 빼돌리지 못하도록 동결시켜 묶어두는 것이 가장 확실한 방법이라 대부분의 채권자들이 통장가압류를 하고 있습니다.

　대부분의 채무자는 채권자가 통장가압류를 하게 되면 금융거래에 있어 신용관계에서 불이익을 받거나 타격을 입게 되기 때문에 바로 채무를 변제하는 사람이 많습니다.

　그래서 채권자가 민사소송을 제기하기 이전에 통장가압류부터 해놓고 채무자를 압박하려고 하는 것입니다.

많은 채무자들은 가능한 한 채권자에게 지급할 돈이 있으면 자신의 이름으로 부동산을 취득해 보유하지 않고 누구나 쉽게 금융기관에서 예금통장을 개설할 수 있는 장점 때문에 예금을 보유하는 확률이 매우 높기 때문에 통장가압류를 적극적으로 권장하고 싶습니다.

대한실무법률편찬연구회　18년 10월

차 례

제2장 정식재판청구

　(1) 정식재판청구서 - 상해죄로 벌금 500만원의 약식명령을
　　　받고 전혀 상해를 입힌 사실이 없으며 도의적인 책임이
　　　있다고 하더라도 벌금의 액수가 너무 많아 감액을 호소

제1장
통장가압류

제1절 /

통장가압류 의의 -

가, 통장

　금융 기관에서, 예금한 사람에게 출납의 상태를 적어 주는 장부를 통장이라고 합니다.

나, 예금

　일정한 계약에 의하여 은행이나 우체국 등 금융기관에 돈을 맡기는 돈을 예금이라고 합니다.

　금융 기관에는 누구라도 돈을 맡길 수 있고, 맡긴 돈을 금융기관이 운용할 수 있도록 하는 자금을 예금이라고 합니다.

　예금은 당좌예금, 정기예금, 보통예금 등으로 나누어집니다.

다, 예금계좌

　금융기관에 예금하려고 설정한 개인명이나 법인명의 계좌를 가리켜 예금계좌라고 합니다.

예금계좌번호는 예금주의 청약에 의하여 금융기관에서 예금주의 실명을 확인한 후 예금주의 명의로 신규계좌번호를 개설하고 통장을 교부합니다,

라, 예금채권

채무자가 제3채무자 금융기관에 예금한 돈을 청구할 수 있는 권리를 예금채권이라고 합니다.

일정한 행위를 청구할 수 있는 권리를 채권이라 합니다.

채무자가 임의로 그 행위를 하지 않을 때에는 채권자는 법원에 소송을 제기하여 채무명의를 얻어 강제력으로 이를 이행하게 할 수 있습니다.

또한 채무자가 행위를 하지 않음으로써 손해가 생겼다면 채권자는 손해배상을 청구할 수도 있습니다.

그뿐 아니라 제3자가 불법적으로 채권의 실현을 방해하였을 때에는 채권자는 제3자에 대하여도 손해배상을 청구할 수 있습니다.

그러므로 예금은 채권에 속하므로 채무자가 제3채무자 금융기관에 예금에 대하여 그 반환청구권을 채권가압류를 통하여 압

류할 수 있습니다.

　　실무에서는 통장가압류 혹은 예금가압류의 용어는 사용하지 않고 통장가압류나 예금가압류는 하나의 채권이므로 채권가압류라고 부릅니다.

제2절 /

통장가압류 절차 -

　　통장가압류는 제3채무자 금융기관에서 불특정 다수인으로부터 조달한 금전에 대하여 거래상대방인 채무자가 가지는 채권을 가리켜 '예금채권' 이라고 합니다.

　　금전채권이나 금전으로 환산할 수 있는 대금, 공사대금, 물품대금, 매매대금, 손해배상청구권 등의 채권을 가지고 있는 채권자가 채무자의 제3채무자에게 가지는 예금채권에 대한 장래의 강제집행을 하기 위하여 미리 압류하여 재산의 현 상태를 유지 동결하고 묶어두기 위해서는 채권가압류신청을 하여야 합니다.

　　이를 통장가압류라고 합니다.

가, 절차에 대한 요건

　　통장가압류는 피 보전권리에 의하여 보전의 필요성과 당사자능력과 소송능력을 갖추어야 신청할 수 있습니다.

나, 보전의 필요성

　　통장가압류를 하려면 채권자가 채무자로 하여금 가지는 채권이 금전채권이나 금전으로 환산할 수 있는 대체물이어야 합니다.

가압류할 목적물은 나중에 금전채권의 집행방법에 의하여 환가단계를 거쳐야 하는 것이므로 채권자체가 예금채권이거나 금전지급을 명하는 집행권원을 얻을 수 있는 청구이어야 합니다.

통장가압류를 하려면 청구권이 성립하여 있어야 합니다.

금전채권은 이미 성립한 것뿐만 아니라 장래 성립할 권리도 그 기초인 법률관계가 현존하면 피 보전적격을 갖기 때문에 가능합니다.

또한 통장가압류의 원인인 채권은 기한이 차지 아니한 청구에 대하여도 할 수 있고, 조건 미성취 채권도 피 보전권리가 될 수 있습니다.

통장가압류는 강제집행이 가능하기 때문에 가능합니다.

다, 가압류의 필요성

통장가압류는 당장 채권자가 가압류를 하지 아니하면 판결을 집행할 수 없거나 판결을 집행하는 것이 매우 곤란한 염려가 있을 경우에 할 수 있습니다.

판결을 집행할 수 없거나 판결을 집행하는 것이 매우 곤란할 염려가 있을 경우는 채무자가 재산 상태를 질적·양적으로 재산의 가치를 감소하거나 은닉 등으로 집행이 곤란하게 되는 경우를 말할 수 있습니다.

보전방법이 따로 있는 경우, 통장가압류를 하지 않더라도 청구권의 실현에는 지장이 없거나 채권자가 집행권원(판결이나 집행력 있는 채무명의)을 가지고 있는 경우에는 통장가압류의 필요성이 부인되므로 통장가압류결정을 하지 않습니다.

제3절 /

관할법원 -

통장가압류를 신청할 수 있는 관할법원은 가압류할 물건이 있는 곳을 관할하는 지방법원이나 본안의 관할법원입니다.

본안의 관할법원은 본안소송이 계속되어 있거나 장래에 계속될 법원을 말합니다.

보전처분은 본안이 계속 중인 법원 또는 사건기록이 있는 법원에 신청하여야 합니다.

아직 본안이 계속되기 전이라면 앞으로 있을 본안의 관할법원에 신청하여야 합니다.

본안의 관할법원이 여러 개 있는 경우에는 그 중에서 어느 법원에 신청하여도 무방합니다.

제4절 /

첨부할 인지대 -

　통장가압류 신청에는 인지 10,000원을 붙여야 합니다.

　붙여야할 인지가 10,000원 이상일 경우 현금으로 납부하여야 하고 현금으로 납부할 경우 수납은행이나 인지수납대행기관의 인터넷 홈페이지에서 인지수납대행기관을 통하여 신용카드 등으로 납부하여 그 납부확인서를 통장가압류 신청에 첨부하면 됩니다.

　수납은행에서 납부할 경우 수납은행의 창구에는 소송등 인지의 현금납부서 3장으로 구성된 용지를 비치하고 있으므로 납부한 다음 그 납부서를 통장가압류 신청에 첨부하면 됩니다.

　시법원이나 군법원에 통장가압류를 신청하는 경우에는 시법원이나 군법원에는 수납은행이 없는 관계로 반드시 시법원이나 군법원으로 전화하여 수납할 은행의 위치를 확인하고 이동하시면 번거로움을 줄일 수 있습니다.

제5절 /

예납할 송달료 -

통장가압류 신청에는 송달료를 예납하여야 합니다.

송달료 1회분은 4,700원입니다.

예납하여야 할 송달료 계산은 채권자1인, 채무자1인, 제3채
무자1인을 기준으로 하여 각 3회분씩 총 9회분의 금 42,300원의
송달료를 예납하고 그 납부서를 통장가압류 신청에 첨부합니다.

수납은행창구에는 송달료 예납·추납 납부서 3장으로 구성
된 용지를 비치하고 있으므로 납부하고 그 납부서를 통장가압류
신청에 첨부하면 됩니다.

통장가압류 관할법원이 시법원이나 군법원인 경우 시법원이
나 군법원에는 수납은행이 없는 관계로 반드시 시법원이나 군법
원으로 전화하여 수납할 은행의 위치를 확인하고 이동하시면 번
거로움을 줄일 수 있습니다.

제6절 /

통장가압류 신청 -

가, 신청절차

통장가압류는 채무자의 인적사항만 있으면 할 수 있습니다.

통장에 대한 계좌번호는 몰라도 채무자가 거래하는 은행만 알고 인적사항만 알면 얼마든지 모든 거래은행에 대한 통장가압류를 할 수 있습니다.

통장가압류의 신청은 보전절차의 성질에 반하지 않는 한 소에 관한 규정이 준용됩니다.

통장가압류의 신청은 통상 본안소송을 제기하기 전에 신청하고 있으나 본안소송의 계속 중에도 신청할 수 있습니다.

통장가압류의 신청은 채권가압류신청서라는 사건명을 기재하고, 채권자의 인적사항, 채무자의 인적사항, 제3채무자의 인적사항을 각 기재하여야 합니다.

그리고 피 보전권리를 표시하여야 하고, 신청취지를 기재하고, 그 아래로 신청이유에는 보전의 필요성을 구체적이고 간결하게 기재하여야 합니다.

소명자료 및 첨부서류라고 적고 그 아래에는 통장가압류 신청의 보전처분에 대한 이유가 되는 사실을 뒷받침할 소명방법을 기재하고 이를 첨부하여야 합니다.

그 다음으로는 반드시 채무자별로 가압류신청 진술서를 작성하여 첨부하여야 합니다.

부속서류에는 대리인에 대한 위임장과 법인의 경우 법인등기부등본과 그 자격을 증명할 수 있는 인감증명서 등을 첨부하여야 합니다.

나, 재판

법원에서는 통장가압류 신청에 흠결사항이 없으면 가압류결정을 하게 됩니다.

흠결사항이 있는 경우 보정을 명령하게 됩니다.

채권자가 보정명령을 이행하지 않을 경우 각하하게 됩니다.

피 보전권리나 보전의 필요성이 없어 통장가압류의 이유가 없는 때에는 통장가압류 신청을 기각하는 재판을 하게 됩니다.

다, 인용재판

통장가압류의 재판은 담보를 조건으로 하는 경우와 무담보를 조건으로 하는 경우의 보전명령이 있습니다.

통장가압류결정은 그 사안에 따라 대부분 청구금액에 비례하여 20%가 현금으로 담보제공명령이 나오는 경우가 많습니다.

또한 그 20%의 담보제공명령 중에서 보험회사와의 위탁체결한 문서로 50%, 현금공탁금 50%로 내려지는 경우도 있습니다.

라, 통장가압류의 효력

통장가압류의 효력은 통장가압류의 결정이 제3채무자 금융기관에게 정본이 송달되면 효력이 발생합니다.

통장가압류결정이 제3채무자 금융기관에게 송달되면 제3채무자 금융기관은 채무자에게 예금을 지급하여서는 아니 됩니다.

마, 통장가압류 후의 조치

통장가압류를 집행한 후에도 채무자에게 아무런 연락이 없거나 이행을 하지 않을 경우 가차 없이 소송비용이 저렴하고 신속하게 집행력 있는 채무명의를 얻을 수 있는 지급명령신청을 하고 지급명령이 확정되면 집행력 있는 지급명령으로 통장가압류를 본 압류로 이전하는 채권압류 및 추심명령을 얻어 직접 제3채무자 금융기관에 추심하여 변제에 충당할 수 있습니다.

제7절 통장가압류 신청서 실전 사례

【통장가압류신청서1】 부정행위 남편과 상간 녀를 상대로 손해배상청구소송을 진행하면서 예금채권에 대하여 통장가압류를 신청하는 사례

채권가압류신청서

채 권 자 : ○   ○   ○

채 무 자 : ○   ○   ○

제 3 채 무 자 : 주식회사 국민은행 외4명

청구금액 표시	금 30,000,100 원	
첨부할 인지액	금	10,000 원
첨부한 인지액	금	10,000 원
납부한 송달료	금	81,000 원
비 고		

수원지방법원 안산지원 귀중

채권가압류신청서

1. 채권자

성 명	○ ○ ○	주민등록번호	생략
주 소	경기도 안산시 ○○구 ○○로 ○길 ○○, ○○○호		
직 업	주부	사무실 주 소	생략
전 화	(휴대폰) 010 - 4346 - 0000		
기타사항	이 사건 채권자 겸 피해자입니다.		

2. 채무자

성 명	○ ○ ○	주민등록번호	생략
주 소	수원시 영통구 ○○로 ○번길 ○○, ○○○호(○○동)		
직 업	회사원	사무실 주 소	생략
전 화	(휴대폰) 생략		
기타사항	이 사건 채무자 겸 가해자입니다.		

3. 제3채무자1

성 명	(주) 국민은행	법인등록번호	110111-2365321
주 소	서울시 중구 남대문로 84,(을지로 2가)		
대 표 자	대표이사 허 인		
전 화	(대표전화) 1599 - 9999		
기타사항	이 사건 제3채무자1 입니다.		

제3채무자2

성 명	중소기업은행	법인등록번호	110135-0000903
주 소	서울시 중구 을지로 79,(을지로 2가)		
대 표 자	은행장 김도진		
전 화	(대표전화) 1588 - 2588		
기타사항	이 사건 제3채무자2 입니다.		

제3채무자3

성 명	(주) 신한은행	법인등록번호	-
주 소	서울시 중구 세종대로 9길 20,		
대 표 자	대표이사 위성호		
전 화	(대표전화) 1599 - 8000		
기타사항	이 사건 제3채무자3 입니다.		

제3채무자4

성 명	(주) 우리은행	법인등록번호	110111-0023393
주 소	서울시 중구 소공로 51,(회원동 1가)		
대 표 자	대표이사 손태승		
전 화	(대표전화) 1588 - 5000		
기타사항	이 사건 제3채무자4 입니다.		

제3채무자5

성 명	농협은행 (주)	법인등록번호	110111-4809385
주 소	서울시 중구 통일로 120,(충정로 1가)		
대 표 자	대표이사 이대훈		
전 화	(대표전화) 1588 - 2100		
기타사항	이 사건 제3채무자5 입니다.		

4. 청구채권의 표시

금 30,000,100원정

단, 채권자가 채무자에 대하여 가지는 부정행위에 따른 손해배상청구채권.

5. 가압류할 채권의 표시

별지 제1 목록 기재와 같습니다.

신 청 취 지

1. 채무자가 제3채무자들에 대하여 가지는 별지 제1 목록 기재의 채권을 가압류한다.

2. 제3채무자들은 채무자에게 위 채권에 관한 지급을 하여서는 아니 된다.

3. 이 사건에 대한 담보제공은 공탁보증보험증권을 제출하는 방법으로 할 수 있도록 아울러 허가하여 주시기 바랍니다.

라는 결정을 원합니다.

신 청 이 유

1. 당사자관계

   채권자는 신청 외 ○○○(이하 '남편' 이라고 줄여 쓰겠습니다)와 2006. 1. 26. 혼인신고를 마친 법률상 부부입니다.(소 갑 제1호증 혼인관계증명서 참조).

   채무자는 채권자의 남편과 부정행위를 저지른 자로서 채권자의 혼인생활을 파탄 지경에 이르게 하고 채권자로 하여금 일생에 지울 수 없는 커다란 정신적 고통을 가한 자입니다.

2. 이 사건의 발생

   가. 채권자의 혼인생활

      채권자는 남편과 2006.경 양가 친인척의 축복 속에 결혼식을 마치고 슬하에 3명의 자녀를 두고 있습니다.

      채권자는 결혼기간 동안에 크고 작은 일도 종종 있었지만 채권자는 남편과 힘을 합쳐 이를 극복해 왔고 아이들과 캠핑을 다니는 등 우리 가족은 소소한 행복을 누리면서 앞으로 어떻게 살건 지 진지한 고민을 하는 등 정말 평범한 혼인생활을 한 것으로 감히 자부할 수 있습니다.

나. 채권자가 채무자의 알게 된 경위

채권자는 ○○○○. ○○. ○○. 02:00 잠자리에서 깨어나 우연히 남편이 다른 방에서 누군가와 휴대전화로 통화하는 내용을 들었습니다.

남편은 전화통화에서 한숨을 푹푹 쉬어가며 "알았어. 잘 못했어, 만나서 설명할게" 라고 하고 휴대전화를 끊었습니다.

채권자는 이러한 남편의 통화내용을 듣게 되었지만 남편이 술을 마시고 늦게 들어와 동료들과 무사히 귀가하였는지를 확인하기 위한 전화를 한 것이라고 대수롭지 않게 생각했습니다.

그러나 채권자가 통화내역을 확인하자, 남편이 전에 다니던 직장동료인 채무자와 23:00경부터 다음날 2:00까지 무려 4통의 전화를 주고받은 사실을 알았습니다.

그 후에도 채권자는 남편의 외도를 의심하다가 남편과 채무자의 SNS를 비롯하여 남편이 사용한 교통카드 내역을 살펴보게 되었고 이를 근거로 남편이 그 동안 야근한다는 등을 핑계로 늦게 귀가한 날마다 채무자를 만나 시간을 보낸 사실을 알게 되었습니다.

다. 채무자와 남편의 부정행위

채무자는 남편이 다니던 전 직장동료로서 남편과 술자리도 자주 가졌던 것으로 밝혀졌습니다.

채권자도 채무자를 잘 알고 있었으며, 채무자 또한 채권자의 시어머님의 장례식에 버젓이 조문을 온 사실 때문에도 채권자의 존재를 너무나도 잘 알고 있었습니다(소갑 제2호증 조문 증거 사진 참조).

말하자면 채무자는 남편이 유부남이라는 사실을 잘 알면서도 다음과 같은 부정행위를 저질렀습니다.

채무자는 남편과 하루에도 몇 번씩 서로 연락을 주고받으며 일상까지 공유하였고, 특히 새벽시간대에도 채권자의 눈을 피해 통화한 사실도 많습니다.(소 갑 제3호증 채무자 명함, 소 갑 제4호증 남편 통화목록 각 참조).

남편은 그동안 채권자에게 툭하면 야근이나 술 약속이 있다고 거짓말을 하고는 채무자의 집근처 역인 ○○역이나 ○○시청 역에서 내린 후 채무자를 만나(소 갑 제5호증 교통카드 사용내역 참조), ○○역과 ○○시청 역 부근에서 저녁식사를 하며 데이트를 즐겼습니다.(소 갑 제6호증 채무자 집 주변 사진, 소 갑 제7호증의1 2017. 남편 카드

사용내역 및 네이버지도, 소 갑 제7호증의2 2016. 남편 카드사용내역 및 네이버 지도 각 참조).

또한 두 사람은 ○○○○. ○○. ○○. ○○○○. ○○. ○○.등 1박2일로 낚시 여행을 다녀온 것으로 밝혀졌습니다.(소 갑 제8호증 남편 입출금거래내역, 소 갑 제9호증 채무자 SNS 각 참조),

채무자는 또 자신의 집이나 모텔에서 수차례 성관계를 가졌습니다.(소 갑 제10호증의1 모텔 용품 사진, 소 갑 제10호증의2 발기부전치료제 사진 각 참조).

또한 채무자는 남편에게 "요즘 내가 마음이 많이 아프네. 계속 이미 자꾸 내가 기회를 줬는데 기다리다가 자꾸자꾸 포기하게 돼서." 라는 채권자와의 이혼을 종용하는 취지의 말을 한 것으로도 밝혀졌습니다.(소 갑 제11호증 카카오톡 대화내용 참조).

라. 피해정도

채권자는 채무자의 부정한 행위로 인하여 극심한 충격에 빠져 매일 같이 살고 싶지 않을 정도로 충격을 받았습니다.

채무자는 가정이 있는 남자임을 알면서도 해서는 안 될 부정행위를 저질렀고 그로 인하여 채권자의 가정은 풍비박산 된지 오래되었고 이미 파탄의 지경에 이르렀으며 채권자는 그래도 어린 아이들을 생각해서 이를 악물고 가정을 지키고 채권자가 입은 크나큰 정신적 피해를 조금이나마 덜고자 채권자는 채무자를 상대로 손해배상(기) 청구의 소를 이미 제기하여 소 계속 중에 있습니다.(소 갑제12호증 소제기증명원 참조).

3. 채무자의 손해배상의무

가. 부정행위에 가담한 제3자의 손해배상책임 대법원의 입장

제3자도 타인의 부부공동생활에 개입하여 부부공동생활의 파탄을 초래하는 등 혼인의 본질에 해당하는 부부공동생활을 방해하여서는 안 될 것입니다.

대법원은 '제3자가 부부의 일방과 부정행위를 함으로써 혼인의 본질에 해당하는 부부공동생활을 침해하거나 유지를 방해하여 그에 대한 배우자로서의 권리를 침해하여 배우자에게 정신적 고통을 가하는 행위는 원칙적으로 불법행위를 구성한다.

여기서 부정한 행위란 간통을 포함하여 보다 넓은 개념으

로서 간통에까지는 이르지 아니하나 부부의 정조의무에 충실하지 않는 일체의 부정한 행위가 이에 포함되고(대법원 1988. 5. 24. 선고 88므7 판결 등 참조), 부정한 행위인지 여부는 각 구체적 사안에 따라 그 정도와 상황을 참작하여 평가하여야 한다.(대법원 2013.11.28. 선고 2010므4095 판결, 대법원 1992. 11. 10. 선고 92므68 판결 참조)'고 일관되게 판시하고 있습니다.

그렇다면 채무자는 채권자의 가정의 순결성을 깨뜨리고, 이로 인하여 채권자에게 씻을 수 없는 정신적 상처를 입혔습니다.

이에 채무자는 채권자가 입은 손해배상을 지급할 의무가 있습니다.

나. 채권자의 정신적 고통

채권자는 부부간의 큰 문제없이 살아온 11년간의 혼인생활이 채무자와 남편의 부정행위로 송두리째 흔들리는 바람에 정서적 불안감은 말할 것도 없고 상실감에 신음하며 하루하루 지옥 같은 나날을 보내고 있으나, 어린 아이들을 위하여 가정을 지키려고 평소와 다름없이 생활하려고 노력하고 있지만 채무자의 부정행위만 생각하면 정말 일손이 잡히지 않습니다.

4. 위자료

그러므로 채권자와 남편의 혼인생활의 기간, 혼인파탄의 경위 및 정도, 채무자의 부정행위 내용 및 그 정도 등 제반사정을 참작하여 채무자는 채권자에게 위자료로 30,000,100원을 지급함이 마땅하다 할 것입니다.

5. 결론

따라서 채권자는 채무자를 상대로 귀원에 대하여 이미 ○○○○가단○○○○호 손해배상(기) 청구의 소를 제기하여 소계속 중에 있으나 본안소송은 상당한 시일이 소요될 뿐 아니라 채무자에게는 제3채무자들로부터 가지는 예금청구채권 외에는 별 다른 재산이 없으므로 지금 당장 가압류를 해 두지 않으면 채권자가 위 소송에서 승소판결을 받는다 하더라도 실효를 거둘 수 없게 될 소지가 다분히 있으므로 그 동안 집행보전을 위하여 이 사건 채권가압류신청에 이르렀습니다.

소명자료 및 첨부서류

1. 소 갑제1호증   혼인관계증명서
1. 소 갑제2호증   조문 증거 사진
1. 소 갑제3호증   채무자 명함
1. 소 갑제4호증   남편 통화목록
1. 소 갑제5호증   교통카드 사용내역

1. 소 갑제6호증   채무자 집 주변 사진

1. 소 갑제7호증의 1   남편 카드사용내역 및 네이버지도

1. 소 갑제7호증의 2   남편 카드사용내역 및 네이버지도

1. 소 갑제8호증   남편 입출금거래내역

1. 소 갑제9호증   채무자 SNS

1. 소 갑제10호증의 1   모텔 용품 사진

1. 소 갑제10호증의 2   발기부전치료제 사진

1. 소 갑제11호증   카카오톡 대화내용

1. 소 갑제12호증   소제기증명원

1. 제3채무자들에 대한 법인등기부등본 5통

1. 가압류신청 진술서

1. 가압류할 채권의 표시

○○○○ 년 ○○ 월 ○○ 일

위 채권자 : ○   ○   ○   (인)

수원지방법원 안산지원 귀중

가압류할 채권의 표시

1. 제3채무자1 주식회사 국민은행

   금 10,000,000원정.

   단, 채무자 ○○○(주민등록번호 : ○○○○○○-○○○○○
   ○○)가 제3채무자1 주식회사 국민은행에 대하여 가지는 입
   금되어 있거나 장래 입금될 다음 예금채권중 다음에서 기재
   한 순서에 따라 위 청구금액에 이를 때까지의 금액.

   ― 다 음 ―

1. 압류·가압류되지 않은 예금과 압류·가압류된 예금이 있는
   때에는 다음 순서에 따라서 가압류한다.

   가. 선행 압류·가압류가 되지 않은 예금
   나. 선행 압류·가압류가 된 예금

2. 여러 종류의 예금이 있는 때에는 다음 순서에 의하여 가압류한다.

   1) 보통예금 2) 당좌예금 3) 정기예금 4) 정기적금
   5) 별단예금 6) 저축예금 7) MMF 8) MMDA
   9) 적립식펀드예금 10) 신탁예금 11) 채권형예금 12)청약예금

3. 같은 종류의 예금이 여러 계좌에 있는 때에는 계좌번호가 빠
   른 예금부터 가압류한다.

   ― 끝 ―

가압류할 채권의 표시

2. 제3채무자2 중소기업은행

　금 5,000,100원정.

　단, 채무자 ○○○(주민등록번호 : ○○○○○○-○○○○○○)가 제3채무자2 중소기업은행에 대하여 가지는 입금되어 있거나 장래 입금될 다음 예금채권중 다음에서 기재한 순서에 따라 위 청구금액에 이를 때까지의 금액.

- 다 음 -

1. 압류·가압류되지 않은 예금과 압류·가압류된 예금이 있는 때에는 다음 순서에 따라서 가압류한다.

　가. 선행 압류·가압류가 되지 않은 예금
　나. 선행 압류·가압류가 된 예금

2. 여러 종류의 예금이 있는 때에는 다음 순서에 의하여 가압류한다.

　1) 보통예금　2) 당좌예금　3) 정기예금　4) 정기적금
　5) 별단예금　6) 저축예금　7) MMF　8) MMDA
　9) 적립식펀드예금　10) 신탁예금　11) 채권형예금　12)청약예금

3. 같은 종류의 예금이 여러 계좌에 있는 때에는 계좌번호가 빠른 예금부터 가압류한다.

　　　　　　　　　　　　　　　　　　　　　　　　- 끝 -

가압류할 채권의 표시

3. 제3채무자3 주식회사 신한은행

금 5,000,000원정.

단, 채무자 ○○○(주민등록번호 : ○○○○○○-○○○○○○○)가 제3채무자3 주식회사 신한은행에 대하여 가지는 입금되어 있거나 장래 입금될 다음 예금채권중 다음에서 기재한 순서에 따라 위 청구금액에 이를 때까지의 금액.

- 다 음 -

1. 압류 · 가압류되지 않은 예금과 압류 · 가압류된 예금이 있는 때에는 다음 순서에 따라서 가압류한다.

　가. 선행 압류 · 가압류가 되지 않은 예금
　나. 선행 압류 · 가압류가 된 예금

2. 여러 종류의 예금이 있는 때에는 다음 순서에 의하여 가압류한다.

　1) 보통예금　2) 당좌예금　3) 정기예금　4) 정기적금
　5) 별단예금　6) 저축예금　7) MMF　8) MMDA
　9) 적립식펀드예금　10) 신탁예금　11) 채권형예금　12) 청약예금

3. 같은 종류의 예금이 여러 계좌에 있는 때에는 계좌번호가 빠른 예금부터 가압류한다.

- 끝 -

가압류할 채권의 표시

4. 제3채무자4 주식회사 우리은행

금 5,000,000원정.

단, 채무자 ○○○(주민등록번호 : ○○○○○○-○○○○○
○○)가 제3채무자4 주식회사 우리은행에 대하여 가지는 입
금되어 있거나 장래 입금될 다음 예금채권중 다음에서 기재
한 순서에 따라 위 청구금액에 이를 때까지의 금액.

- 다 음 -

1. 압류·가압류되지 않은 예금과 압류·가압류된 예금이 있는
   때에는 다음 순서에 따라서 가압류한다.

   가. 선행 압류·가압류가 되지 않은 예금
   나. 선행 압류·가압류가 된 예금

2. 여러 종류의 예금이 있는 때에는 다음 순서에 의하여 가압류한다.

   1) 보통예금 2) 당좌예금 3) 정기예금 4) 정기적금
   5) 별단예금 6) 저축예금 7) MMF 8) MMDA
   9) 적립식펀드예금 10) 신탁예금 11) 채권형예금 12)청약예금

3. 같은 종류의 예금이 여러 계좌에 있는 때에는 계좌번호가 빠
   른 예금부터 가압류한다.

- 끝 -

가압류할 채권의 표시

5. 제3채무자5 농협은행 주식회사

금 5,000,000원정.

단, 채무자 ○○○(주민등록번호 : ○○○○○○-○○○○○○)가 제3채무자5 농협은행 주식회사에 대하여 가지는 입금되어 있거나 장래 입금될 다음 예금채권중 다음에서 기재한 순서에 따라 위 청구금액에 이를 때까지의 금액.

- 다 음 -

1. 압류 · 가압류되지 않은 예금과 압류 · 가압류된 예금이 있는 때에는 다음 순서에 따라서 가압류한다.

   가. 선행 압류 · 가압류가 되지 않은 예금
   나. 선행 압류 · 가압류가 된 예금

2. 여러 종류의 예금이 있는 때에는 다음 순서에 의하여 가압류한다.

   1) 보통예금 2) 당좌예금 3) 정기예금 4) 정기적금
   5) 별단예금 6) 저축예금 7) MMF 8) MMDA
   9) 적립식펀드예금 10) 신탁예금 11) 채권형예금 12)청약예금

3. 같은 종류의 예금이 여러 계좌에 있는 때에는 계좌번호가 빠른 예금부터 가압류한다.

- 끝 -

채권가압류신청진술서

신청인은 채권가압류신청과 관련하여 다음 사실을 진술합니다. 다음의 진술과 관련하여 고의로 누락하거나 허위로 진술한 내용이 발견된 경우에는, 그로 인하여 보정명령 없이 신청이 기각되거나 가압류이의절차에서 불이익을 받을 것임을 잘 알고 있습니다.

○○○○ 년 ○○ 월 ○○ 일

위 채권자 : ○ ○ ○ (인)

※ 채무자가 여럿인 경우에는 각 채무자별로 따로 작성하여야 합니다.

- 다   음 -

1. 피보전권리(청구채권)와 관련하여

　　가. 채무자가 신청서에 기재한 청구채권을 인정하고 있습니까?

　　　　■ 예
　　　　□ 아니오 ➜ 채무자 주장의 요지 :
　　　　□ 기타 :

　　나. 채무자의 의사를 언제, 어떠한 방법으로 확인하였습니까?
　　　　(소명자료 첨부)

■ 이미 손해배상(기) 청구의 소를 제기하여 소 계속 중에 있으므로 잘 알고 있습니다.

다. 채권자가 신청서에 기재한 청구금액은 본안소송에서 승소할 수 있는 금액으로 적정하게 산출된 것입니까? (과도한 가처분으로 인해 채무자가 손해를 입으면 배상하여야 합니다.)

■ 예
□ 아니오

2. 보전의 필요성과 관련하여

가. 채권자가 채무자의 재산에 대하여 가압류하지 않으면 향후 강제집행이 불가능하거나 매우 곤란해질 사유의 내용은 무엇입니까?

채권자는 채무자를 상대로 이미 <u>손해배상(기) 청구의 소를</u> 제기하여 소 계속 중에 있으나 본안소송은 상당한 시일을 요할 뿐만 아니라 채권자가 알아본 바에 의하면 채무자에게는 <u>별다른 재산은 없는 상태</u>이고 별지 목록 기재 채권이 유일한 재산인데 이것마저도 채무자가 제3채무자들로부터 수령하여버릴 경우 훗날 채권자가 채무자를 상대로 제기한 본안소송에서 승소판결을 득한다 하더라도 직접 강제집행이 불능케 될 우려가 있어 보전의 필요성이 있습니다.

나. 채권자는 신청서에 기재한 청구채권과 관련하여 공정증서

또는 제소전화해조서가 있습니까?

■ 없습니다.

다. 채권자는 신청서에 기재한 청구채권과 관련하여 취득한 담
보가 있습니까? 있다면 이 사건 가압류를 신청한 이유는 무
엇입니까?

■ 없습니다.

라. [채무자가 (연대)보증인인 경우] 채권자는 주 채무자에 대
하여 어떠한 보전조치를 취하였습니까?

마. [다수의 부동산에 대한 가압류신청인 경우] 각 부동산의 가
액은 얼마입니까? (소명자료 첨부)

■ 없습니다.

바. [유체동산 또는 채권 가압류신청인 경우] 채무자에게는 가
압류할 부동산이 있습니까?

□ 예
■ 아니오

사. ["예" 로 대답한 경우] 가압류할 부동산이 있다면, 부동산

이 아닌 유체동산 또는 채권 가압류신청을 하는 이유는 무엇입니까?

□ 이미 부동산상의 선순위 담보 등이 부동산가액을 초과함
  ➜ 부동산등기부등본 및 가액소명자료 첨부

□ 기타 사유 ➜ 내용 :

아. [유체동산가압류 신청인 경우]

① 가압류할 유체동산의 품목, 가액은?

② 채무자의 다른 재산에 대하여 어떠한 보전조치를 취하였습니까? 그 결과는?

3. 본안소송과 관련하여

가. 채권자는 신청서에 기재한 청구채권과 관련하여 채무자를 상대로 본안소송을 제기한 사실이 있습니까?

■ 예
□ 아니오

나. ["예"로 대답한 경우]

① 본안소송을 제기한 법원·사건번호·사건명은? ○○지방법원 ○○○○가단○○○○호 손해배상(기) 청구의 소

② 현재 진행상황 또는 소송결과는? 소 계속 중에 있습니다.

다. ["아니오" 로 대답한 경우] 채권자는 본안소송을 제기할 예정입니까?

　□ 예 ➜ 본안소송 제기 예정일 :

　□ 아니오 ➜ 사유 :

4. 중복가압류와 관련하여

가. 채권자는 신청서에 기재한 청구채권(금액 불문)을 원인으로, 이 신청 외에 채무자를 상대로 하여 가압류를 신청한 사실이 있습니까? (과거 및 현재 포함)

　□ 예

　■ 아니오

나. ["예" 로 대답한 경우]

① 가압류를 신청한 법원 · 사건번호 · 사건명은?

② 현재 진행상황 또는 결과(취하/각하/인용/기각 등)는? (소명자료첨부)

다. [다른 가압류가 인용된 경우] 추가로 이 사건 가압류를 신청하는 이유는 무엇입니까? (소명자료 첨부)

채권가압류신청서

채 권 자 : ○   ○   ○

채 무 자 : ○   ○   ○

제 3 채 무 자 : 주식회사 우리은행

청구금액 표시	금 32,800,000 원
첨부할 인지액	금 10,000 원
첨부한 인지액	금 10,000 원
납부한 송달료	금 40,500 원
비 고	

전주지방법원 정읍지원 귀중

채권가압류신청서

1. 채권자

성 명	○ ○ ○	주민등록번호	생략
주 소	전라북도 정읍시 ○○로 ○길 ○○, ○○○-○○○호		
직 업	개인사업	사무실 주 소	생략
전 화	(휴대폰) 010 - 9900 - 0000		
기타사항	이 사건 채권자입니다.		

2. 채무자

성 명	○ ○ ○	주민등록번호	생략
주 소	전라북도 정읍시 ○○로길 ○○, ○○○-○○○○호		
직 업	상업	사무실 주 소	생략
전 화	(휴대폰) 010 - 2230 - 0000		
기타사항	이 사건 채무자입니다.		

3. 제3채무자

성 명	(주) 우리은행	법인등록번호	생략
주 소	서울시 중구 소공로 51, 우리은행본점		
대 표 자	대표이사 손태승		
전 화	(대표전화) 1588 - 5000		
기타사항	이 사건 제3채무자입니다.		

4. 청구채권의 표시

금 32,800,000원정

단, 채권자가 채무자에 대하여 ○○○○. ○○. ○○.부터
○○○○. ○○. ○○.까지 해산물 공급하고 지급받지
못하고 있는 물품대금 청구채권의 집행보전.

5. 가압류할 채권의 표시

별지 제1 목록 기재와 같습니다.

신 청 취 지

1. 채무자가 제3채무자에 대하여 가지는 별지 제1목록 기재의
   채권을 가압류한다.
2. 제3채무자는 채무자에게 위 채권에 관한 지급을 하여서는 아
   니 된다.
3. 이 사건에 대한 담보제공은 공탁보증보험증권(보증보험주식
   회사 증권번호 제○○○○호)을 제출하는 방법으로 할 수 있
   도록 허가하여 주시기 바랍니다.

라는 결정을 원합니다.

신 청 이 유

1. 당사자 관계

   채권자는 위 주소지에서 "정읍해물"이라는 상호로 냉동수

산물을 도매로 소매점에 납품업을 운영하는 자이고, 채무자는 주소지에서 "○○부페"라는 상호로 뷔페식당을 운영하고 있습니다.

2. 채권발생 경위

채권자는 채무자의 요청에 의하여 ○○○○년 초부터 채무자에게 해산물을 공급하기 시작하여 매월 일부씩 수차례에 걸쳐 대금을 결제 받아 왔으나 채무자로부터 지급받지 못한 외상대금이 현재 금 32,800,000원에 이르게 되었습니다.

그리하여 채권자는 채무자에게 위 금원을 지급하여 줄 것을 수차례 요청하였으나 채무자는 차일피일 지체하면서 지급하지 않고 있으며 ○○○○. ○○. ○○.에 거래미수잔액에 대한 확인서를 교부하여 주면서 ○○○○. ○○. ○○.까지 지급하기로 약속하였습니다.

채무자는 위 약속기일이 지나도록 변제할 생각은 하지 않고 차일피일 또 미루고만 있는 형편에서 채권자로서는 더 이상 채무자에게 해산물을 공급하지 못해 중단한 상태에 있습니다.

채권자는 이로 인하여 경영상황이 악화되어 사업장운영에 큰 어려움을 겪고 있는 상황입니다.

그리하여, 채권자는 채무자를 상대로 위 물품대금을 지급받기 위해 본안소송을 준비 중에 있으나 채무자는 타에 아무런 재산이 없을 뿐만 아니라, 위 사업장을 타인에 매매할 우려도 있고, 채권자가 변제받을 수 있는 것은 채무자가 제3채무자로부터 지급받을 별지 기재 채권밖에 없으므로 채권자가 후일 본안소송에서 승소판결을 득한다 하더라도 사업장이 폐쇄되는 등 그 집행이 불능 될 우려가 다분히 있어 집행을 보전하기 위하여 이 사건 가압류신청에 이른 것입니다.

소명자료 및 첨부서류

1. 소 갑제1호증   거래명세서
1. 소 갑제2호증   거래미수잔액 확인서
1. 소 갑제2호증   각서
1. 제3채무자에 대한 법인등기부등본
1. 가압류신청진술서

○○○○ 년 ○○ 월 ○○ 일

위 채권자 : ○   ○   ○   (인)

전주지방법원 정읍지원 귀중

가압류할 채권의 표시

금 32,800,000원정

　　단, 채무자 ○○○(주민등록번호 : ○○○○○○-○○○○○○)가 제3채무자(취급점 : 정읍지점)에 대하여 가지는 입금되어 있거나 장래 입금될 예금채권중 다음에서 기재한 순서에 따라 위 청구금액에 이를 때까지의 금액.

- 다 음 -

1. 압류·가압류되지 않은 예금과 압류·가압류된 예금이 있는 때에는 다음 순서에 따라서 가압류한다.

　　가. 선행 압류·가압류가 되지 않은 예금
　　나. 선행 압류·가압류가 된 예금

2. 여러 종류의 예금이 있는 때에는 다음 순서에 의하여 가압류한다.

　　1) 보통예금 2) 당좌예금 3) 정기예금 4) 정기적금
　　5) 별단예금 6) 저축예금 7) MMF 8) MMDA
　　9) 적립식펀드예금 10) 신탁예금 11) 채권형예금 12)청약예금

3. 같은 종류의 예금이 여러 계좌에 있는 때에는 계좌번호가 빠른 예금부터 가압류한다.

- 끝 -

[별 지 2]

채권가압류신청진술서

신청인은 채권가압류신청과 관련하여 다음 사실을 진술합니다. 다음의 진술과 관련하여 고의로 누락하거나 허위로 진술한 내용이 발견된 경우에는, 그로 인하여 보정명령 없이 신청이 기각되거나 가압류이의절차에서 불이익을 받을 것임을 잘 알고 있습니다.

○○○○ 년 ○○ 월 ○○ 일

위 채권자 : ○ ○ ○ (인)

※ 채무자가 여럿인 경우에는 각 채무자별로 따로 작성하여야 합니다.

- 다 음 -

1. 피보전권리(청구채권)와 관련하여

가. 채무자가 신청서에 기재한 청구채권을 인정하고 있습니까?

■ 예
□ 아니오 ➔ 채무자 주장의 요지 :
□ 기타 :

나. 채무자의 의사를 언제, 어떠한 방법으로 확인하였습니까?
(소명자료 첨부)

■ 거래명세서, 확인서, 각서를 첨부하였습니다.

다. 채권자가 신청서에 기재한 청구금액은 본안소송에서 승소할
수 있는 금액으로 적정하게 산출된 것입니까? (과도한 가처
분으로 인해 채무자가 손해를 입으면 배상하여야 합니다.)

■ 예
□ 아니오

2. 보전의 필요성과 관련하여

가. 채권자가 채무자의 재산에 대하여 가압류하지 않으면 향
후 강제집행이 불가능하거나 매우 곤란해질 사유의 내용
은 무엇입니까?

채권자는 채무자를 상대로 하여 현재 귀원에 물품대금 청
구의 소송을 준비 중에 있으나, 본안소송은 상당한 시일을
요할 뿐만 아니라 채권자가 알아본 바에 의하면 채무자에
게는 별다른 재산은 없는 상태이고 별지 목록 기재 채권이
유일한 재산인데 이것마저도 채무자가 제3채무자로부터 수
령하여버릴 경우 훗날 채권자가 채무자를 상대로 한 본안
소송에서 승소판결을 얻는다하더라도 직접 강제집행이 불
능케 될 우려가 있어 보전의 필요성이 있습니다.

나. 채권자는 신청서에 기재한 청구채권과 관련하여 공정증서 또는 제소전화해조서가 있습니까?

　　■ 없습니다.

다. 채권자는 신청서에 기재한 청구채권과 관련하여 취득한 담보가 있습니까? 있다면 이 사건 가압류를 신청한 이유는 무엇입니까?

　　■ 없습니다.

라. [채무자가 (연대)보증인인 경우] 채권자는 주 채무자에 대하여 어떠한 보전조치를 취하였습니까?

마. [다수의 부동산에 대한 가압류신청인 경우] 각 부동산의 가액은 얼마입니까? (소명자료 첨부)

　　■ 없습니다.

바. [유체동산 또는 채권 가압류신청인 경우] 채무자에게는 가압류할 부동산이 있습니까?

　　□ 예
　　■ 아니오

사. ["예" 로 대답한 경우] 가압류할 부동산이 있다면, 부동산이 아닌 유체동산 또는 채권 가압류신청을 하는 이유는 무엇입니까?

  □ 이미 부동산상의 선순위 담보 등이 부동산가액을 초과함 ➜ 부동산등기부등본 및 가액소명자료 첨부
  □ 기타 사유 ➜ 내용 :

아. [유체동산가압류 신청인 경우]

  ① 가압류할 유체동산의 품목, 가액은?
  ② 채무자의 다른 재산에 대하여 어떠한 보전조치를 취하였습니까? 그 결과는?

3. 본안소송과 관련하여

가. 채권자는 신청서에 기재한 청구채권과 관련하여 채무자를 상대로 본안소송을 제기한 사실이 있습니까?

  □ 예
  ■ 아니오

나. ["예" 로 대답한 경우]

  ① 본안소송을 제기한 법원·사건번호·사건명은?

  ② 현재 진행상황 또는 소송결과는?

다. ["아니오" 로 대답한 경우] 채권자는 본안소송을 제기
할 예정입니까?

■ 예 ➜ 본안소송 제기 예정일 : ○○○○년 ○○ 월
○○ 일
□ 아니오 ➜ 사유 :

4. 중복가압류와 관련하여

가. 채권자는 신청서에 기재한 청구채권(금액 불문)을 원인으
로, 이 신청 외에 채무자를 상대로 하여 가압류를 신청
한 사실이 있습니까? (과거 및 현재 포함)

□ 예

■ 아니오

나. ["예" 로 대답한 경우]

① 가압류를 신청한 법원 · 사건번호 · 사건명은?

② 현재 진행상황 또는 결과(취하/각하/인용/기각 등)는?
(소명자료첨부)

다. [다른 가압류가 인용된 경우] 추가로 이 사건 가압류를
신청하는 이유는 무엇입니까? (소명자료 첨부)

채 권 가 압 류 신 청 서

채　　권　　자 ：　○　　　　○　　　　○

채　　무　　자 ：　○　　　　○　　　　○

제 3 채 무 자 ：　주식회사　농협은행　외3

청구금액 표시	금 85,500,000 원
첨부할 인지액	금 10,000 원
첨부한 인지액	금 10,000 원
납부한 송달료	금 40,500 원
비　　　　　고	

광주지방법원 목포지원 귀중

채권가압류신청서

1. 채권자

성 명	○ ○ ○	주민등록번호	생략
주 소	전라남도 목포시 ○○로 ○○길 ○○, ○○○호		
직 업	주부 / 사무실 주소	생략	
전 화	(휴대폰) 010 - 1233 - 0000		
기타사항	이 사건 채권자입니다.		

2. 채무자

성 명	○ ○ ○	주민등록번호	생략
주 소	전라남도 목포시 ○○로길 ○○, ○○○-○○○호		
직 업	상업 / 사무실 주소	생략	
전 화	(휴대폰) 010 - 7122 - 0000		
기타사항	이 사건 채무자입니다.		

3. 제3채무자1

성 명	농협은행(주)	법인등록번호	생략
주 소	서울시 중구 통일로 120, NH농협은행		
대 표 자	대표이사 이대훈		
전 화	(대표전화) 1588 - 2100		
기타사항	이 사건 제3채무자1 입니다.		

제3채무자2

성 명	KEB 하나은행	법인등록번호	생략
주 소	서울시 중구 을지로 66, 하나은행본점		
대 표 자	대표이사 함영주		
전 화	(대표전화) 1599 - 1111		
기타사항	이 사건 제3채무자2 입니다.		

제3채무자3

성 명	국민은행(주)	법인등록번호	생략
주 소	서울시 중구 남대문로 84,(을지로 2가)		
대 표 자	대표이사 허 인		
전 화	(대표전화) 1599 - 9999		
기타사항	이 사건 제3채무자3 입니다.		

제3채무자4

성 명	(주) 우리은행	법인등록번호	생략
주 소	서울시 중구 을지로 79,		
대 표 자	은행장 김도진		
전 화	(대표전화) 1588 - 2588		
기타사항	이 사건 제3채무자4 입니다.		

4. 청구채권의 표시

금 85,500,000원정

단, 채권자가 채무자에 대하여 가지는 ○○○○. ○○. ○○. 자 대여금 원금.

5. 가압류할 채권의 표시

별지 제1 목록 기재와 같습니다.

신청취지

1. 채무자가 제3채무자에 대하여 가지는 별지 제1목록 기재의 채권을 가압류한다.
2. 제3채무자는 채무자에게 위 채권에 관한 지급을 하여서는 아니된다.
3. 이 사건에 대한 담보제공은 공탁보증보험증권(보증보험주식회사 증권번호 제○○○○호)을 제출하는 방법으로 할 수 있도록 허가하여 주시기 바랍니다.

라는 결정을 원합니다.

신청이유

1. 채권자는 채무자의 요청에 의하여 ○○○○. ○○. ○○. 금 85,500,000원을 대여하고 이 대여금은 ○○○○. ○○. ○○. 변제하기로 하였는데 채무자는 변제기일에 훨씬 지났음에도 위 대여금의 원리금을 변제하지 않고 있습니다.

2. 이에 채권자는 채무자에게 찾아가 위 대여금의 변제를 독촉하자 채무자는 자필로 ○○○○. ○○. ○○.까지는 틀림없이 지급하겠다는 이행각서를 작성해 교부하였으나 이 또한 약속을 지키지 않았습니다.

3. 따라서 채권자는 채무자를 상대로 대여금청구소송을 제기하고자 하나 이는 판결을 얻기까지에는 시일이 많이 걸리고, 채무자가 제3채무자에 가지는 예금청구권마저도 채무자가 회수하여 간다면 채권자가 위 청구채권을 지급받기란 불가능하므로 집행보전을 위하여 부득이 이를 가압류하고자 하오니 허락하여 주시기 바랍니다.

소명자료 및 첨부서류

1. 소 갑제1호증   차용증서
1. 소 갑제2호증   이행각서
1. 제3채무자에 대한 법인등기부등본
1. 가압류신청진술서

○○○○ 년 ○○ 월 ○○ 일

위 채권자 : ○ ○ ○ (인)

광주지방법원 목포지원 귀중

가압류할 채권의 표시

1. 가압류할 채권의 표시

   금 25,500,000원정

   단, 채무자 ○○○(주민등록번호 : ○○○○○○-○○○○○○
   ○)가 제3채무자1(취급점 : ○○지점)에 대하여 가지는 입금되
   어 있거나 장래 입금될 다음 예금채권중 다음에서 기재한 순서
   에 따라 위 청구금액에 이를 때까지의 금액.

               - 다 음 -

1. 압류·가압류되지 않은 예금과 압류·가압류된 예금이 있는 때
   에는 다음 순서에 따라서 가압류한다.

   가. 선행 압류·가압류가 되지 않은 예금
   나. 선행 압류·가압류가 된 예금

2. 여러 종류의 예금이 있는 때에는 다음 순서에 의하여 가압류한다.

   1) 보통예금 2) 당좌예금 3) 정기예금 4) 정기적금
   5) 별단예금 6) 저축예금 7) MMF 8) MMDA
   9) 적립식펀드예금 10) 신탁예금 11) 채권형예금 12)청약예금

3. 같은 종류의 예금이 여러 계좌에 있는 때에는 계좌번호가 빠른
   예금부터 가압류한다.

                                        - 끝 -

가압류할 채권의 표시

2. 가압류할 채권의 표시

금 20,000,000원정

단, 채무자 ○○○(주민등록번호 : ○○○○○○-○○○○○○
○)가 제3채무자2(취급점 : ○○지점)에 대하여 가지는 입금되
어 있거나 장래 입금될 다음 예금채권중 다음에서 기재한 순서
에 따라 위 청구금액에 이를 때까지의 금액.

- 다 음 -

1. 압류·가압류되지 않은 예금과 압류·가압류된 예금이 있는 때
   에는 다음 순서에 따라서 가압류한다.

   가. 선행 압류·가압류가 되지 않은 예금
   나. 선행 압류·가압류가 된 예금

2. 여러 종류의 예금이 있는 때에는 다음 순서에 의하여 가압류한다.

   1) 보통예금 2) 당좌예금 3) 정기예금 4) 정기적금
   5) 별단예금 6) 저축예금 7) MMF 8) MMDA
   9) 적립식펀드예금 10) 신탁예금 11) 채권형예금 12)청약예금

3. 같은 종류의 예금이 여러 계좌에 있는 때에는 계좌번호가 빠른
   예금부터 가압류한다.

- 끝 -

가압류할 채권의 표시

3. 가압류할 채권의 표시

금 20,000,000원정

단, 채무자 ○○○(주민등록번호 : ○○○○○○-○○○○○○
○)가 제3채무자3(취급점 : ○○지점)에 대하여 가지는 입금되
어 있거나 장래 입금될 다음 예금채권중 다음에서 기재한 순서
에 따라 위 청구금액에 이를 때까지의 금액.

- 다 음 -

1. 압류·가압류되지 않은 예금과 압류·가압류된 예금이 있는 때
   에는 다음 순서에 따라서 가압류한다.

   가. 선행 압류·가압류가 되지 않은 예금
   나. 선행 압류·가압류가 된 예금

2. 여러 종류의 예금이 있는 때에는 다음 순서에 의하여 가압류한다.

   1) 보통예금 2) 당좌예금 3) 정기예금 4) 정기적금
   5) 별단예금 6) 저축예금 7) MMF 8) MMDA
   9) 적립식펀드예금 10) 신탁예금 11) 채권형예금 12)청약예금

3. 같은 종류의 예금이 여러 계좌에 있는 때에는 계좌번호가 빠른
   예금부터 가압류한다.

- 끝 -

가압류할 채권의 표시

4. 가압류할 채권의 표시

금 20,000,000원정

단, 채무자 ○○○(주민등록번호 : ○○○○○○-○○○○○○
○)가 제3채무자4(취급점 : ○○지점)에 대하여 가지는 입금되
어 있거나 장래 입금될 다음 예금채권중 다음에서 기재한 순서
에 따라 위 청구금액에 이를 때까지의 금액.

- 다 음 -

1. 압류·가압류되지 않은 예금과 압류·가압류된 예금이 있는 때
   에는 다음 순서에 따라서 가압류한다.

   가. 선행 압류·가압류가 되지 않은 예금
   나. 선행 압류·가압류가 된 예금

2. 여러 종류의 예금이 있는 때에는 다음 순서에 의하여 가압류한다.

   1) 보통예금 2) 당좌예금 3) 정기예금 4) 정기적금
   5) 별단예금 6) 저축예금 7) MMF 8) MMDA
   9) 적립식펀드예금 10) 신탁예금 11) 채권형예금 12)청약예금

3. 같은 종류의 예금이 여러 계좌에 있는 때에는 계좌번호가 빠른
   예금부터 가압류한다.

- 끝 -

채권가압류신청진술서

신청인은 채권가압류신청과 관련하여 다음 사실을 진술합니다. 다음의 진술과 관련하여 고의로 누락하거나 허위로 진술한 내용이 발견된 경우에는, 그로 인하여 보정명령 없이 신청이 기각되거나 가압류이의절차에서 불이익을 받을 것임을 잘 알고 있습니다.

○○○○ 년 ○○ 월 ○○ 일

위 채권자 : ○ ○ ○   (인)

※ 채무자가 여럿인 경우에는 각 채무자별로 따로 작성하여야 합니다.

- 다   음 -

1. 피보전권리(청구채권)와 관련하여

　가. 채무자가 신청서에 기재한 청구채권을 인정하고 있습니까?

　　■ 예
　　□ 아니오 ➔ 채무자 주장의 요지 :
　　□ 기타 :

　나. 채무자의 의사를 언제, 어떠한 방법으로 확인하였습니까?
　　(소명자료 첨부)

■ 차용증서, 이행각서를 첨부하였습니다.

다. 채권자가 신청서에 기재한 청구금액은 본안소송에서 승소할
수 있는 금액으로 적정하게 산출된 것입니까? (과도한 가처
분으로 인해 채무자가 손해를 입으면 배상하여야 합니다.)

■ 예
□ 아니오

2. 보전의 필요성과 관련하여

가. 채권자가 채무자의 재산에 대하여 가압류하지 않으면 향후
강제집행이 불가능하거나 매우 곤란해질 사유의 내용은 무
엇입니까?

채권자는 채무자를 상대로 하여 현재 귀원에 대여금청구의
소송을 준비 중에 있으나 본안소송은 상당한 시일을 요할
뿐만 아니라 채권자가 알아본 바에 의하면 채무자에게는
별다른 재산은 없는 상태이고 별지목록 기재 채권이 유일
한 재산인데 이것마저도 채무자가 제3채무자들로부터 수령
하여버릴 경우 훗날 채권자가 채무자를 상대로 한 본안소
송에서 승소판결을 득한다 하더라도 직접 강제집행이 불가
능하게 될 우려가 다분히 있어 보전의 필요성이 있습니다.

나. 채권자는 신청서에 기재한 청구채권과 관련하여 공정증서
또는 제소전화해조서가 있습니까?

■ 없습니다.

다. 채권자는 신청서에 기재한 청구채권과 관련하여 취득한 담보가 있습니까? 있다면 이 사건 가압류를 신청한 이유는 무엇입니까?

■ 없습니다.

라. [채무자가 (연대)보증인인 경우] 채권자는 주 채무자에 대하여 어떠한 보전조치를 취하였습니까?

마. [다수의 부동산에 대한 가압류신청인 경우] 각 부동산의 가액은 얼마입니까? (소명자료 첨부)

■ 없습니다.

바. [유체동산 또는 채권 가압류신청인 경우] 채무자에게는 가압류할 부동산이 있습니까?

　□ 예
　■ 아니오

사. ["예"로 대답한 경우] 가압류할 부동산이 있다면, 부동산이 아닌 유체동산 또는 채권 가압류신청을 하는 이유는 무엇입니까?

□ 이미 부동산상의 선순위 담보 등이 부동산가액을 초과함
　　➔ 부동산등기부등본 및 가액소명자료 첨부

□ 기타 사유 ➔ 내용 :

아. [유체동산가압류 신청인 경우]

① 가압류할 유체동산의 품목, 가액은?

② 채무자의 다른 재산에 대하여 어떠한 보전조치를 취하였습니까? 그 결과는?

3. 본안소송과 관련하여

가. 채권자는 신청서에 기재한 청구채권과 관련하여 채무자를 상대로 본안소송을 제기한 사실이 있습니까?

□ 예
■ 아니오

나. ["예"로 대답한 경우]

① 본안소송을 제기한 법원 · 사건번호 · 사건명은?

② 현재 진행상황 또는 소송결과는?

다. ["아니오"로 대답한 경우] 채권자는 본안소송을 제기할 예정입니까?

■ 예 ➔ 본안소송 제기 예정일 : ○○○○년 ○○ 월 ○
　　　　○ 일

□ 아니오 ➔ 사유 :

4. 중복가압류와 관련하여

가. 채권자는 신청서에 기재한 청구채권(금액 불문)을 원인으
　로, 이 신청 외에 채무자를 상대로 하여 가압류를 신청한
　사실이 있습니까? (과거 및 현재 포함)

□ 예

■ 아니오

나. ["예" 로 대답한 경우]

① 가압류를 신청한 법원 · 사건번호 · 사건명은?

② 현재 진행상황 또는 결과(취하/각하/인용/기각 등)는?
　(소명자료첨부)

다. [다른 가압류가 인용된 경우] 추가로 이 사건 가압류를 신
　청하는 이유는 무엇입니까? (소명자료 첨부)

채 권 가 압 류 신 청 서

채 권 자 : ○ ○ ○

채 무 자 : ○ ○ ○

제 3 채 무 자 : 주식회사 KB국민카드 외2

청구금액 표시	금 58,000,000 원	
첨부할 인지액	금 10,000 원	
첨부한 인지액	금 10,000 원	
납부한 송달료	금 54,000 원	
비　　　　　고		

춘 천 지 방 법 원 강 릉 지 원 귀 중

채권가압류신청서

1. 채권자

성 명	○ ○ ○	주민등록번호	생략
주 소	강원도 강릉시 ○○로 ○○길 ○○, ○○○-○○○호		
직 업	개인사업	사무실 주 소	생략
전 화	(휴대폰) 010 - 9876 - 0000		
기타사항	이 사건 채권자입니다.		

2. 채무자

성 명	(주)○○영농법인	법인등록번호	생략
주 소	강원도 강릉시 ○○로 ○○길 ○○, ○○○호		
대 표 자	대표이사 ○○○		
전 화	(휴대폰) 010 - 1248 - 0000		
기타사항	이 사건 채무자입니다.		

3. 제3채무자1

성 명	(주)KB국민카드	법인등록번호	생략
주 소	서울시 종로구 새문안로3길 30,		
대 표 자	대표이사 이동철		
전 화	(대표전화) 1588 - 1688		
기타사항	이 사건 제3채무자1 입니다.		

제3채무자2

성 명	BC카드 (주)	법인등록번호	생략
주 소	서울시 서초구 효령로 275,		
대 표 자	대표이사 이문희		
전 화	(대표전화) 1588 - 4000		
기타사항	이 사건 제3채무자2 입니다.		

제3채무자3

성 명	(주) 현대카드	법인등록번호	생략
주 소	서울시 영등포구 의사당대로 3, 현대캐피탈빌딩		
대 표 자	대표이사 정태영		
전 화	(대표전화) 1577 - 6000		
기타사항	이 사건 제3채무자3 입니다.		

4. 청구채권의 표시

금 58,000,000원정

단, 채권자가 채무자에 대하여 가지는 대여금청구채권.

(제3채무자1 주식회사 KB국민카드 38,000,000원, 제3채무자2 BC카드 주식회사 10,000,000원, 제3채무자3 주식회사 현대카드 10,000,000원)

5. 가압류할 채권의 표시

별지 제1 목록 기재와 같습니다.

신청취지

1. 채무자가 제3채무자에 대하여 가지는 별지 제1목록 기재의 채권을 가압류한다.
2. 제3채무자는 채무자에게 위 채권에 관한 지급을 하여서는 아니된다.
3. 이 사건에 대한 담보제공은 공탁보증보험증권(보증보험주식회사 증권번호 제○○○○호)을 제출하는 방법으로 할 수 있도록 허가하여 주시기 바랍니다.

라는 결정을 원합니다.

신청이유

1. 금전대여와 차용증

채권자는 ○○○○. ○○. ○○. 채무자의 요청에 의하여 금 58,000,000원을 빌려주고 ○○○○. ○○. ○○. 변제하겠다는 차용증을 교부받았습니다.

2. 채무자의 변제거부

그런데 채무자는 변제하기로 한 날짜가 훨씬 지나도 갚지 않고 있어 채권자가 수차례 걸쳐 독촉을 하였으나, 채무자는 수일 내로 갚겠다는 말만 되풀이하고 현재까지 위 금 58,000,000원을 변제하지 않고 있습니다.

3. 본안소송준비

따라서 채권자는 채무자를 상대로 대여금 청구의 본안소송을 준비 중에 있으나, 본안소송은 상당한 시일이 소요되므로 그 동안 집행보전을 위하여 이 사건 채권가압류신청에 이르렀습니다.

소명자료 및 첨부서류

1. 소 갑제1호증   차용증
1. 소 갑제2호증   내용증명최고서
1. 제3채무자들에 대한 법인등기부등본
1. 가압류신청진술서

〇〇〇〇 년 〇〇 월 〇〇 일

위 채권자 : 〇   〇   〇   (인)

춘천지방법원 강릉지원 귀중

가압류할 채권의 표시

1. 제3채무자1 주식회사 KB국민카드

   금 38,000,000원정.

   채무자 주식회사 ○○영농법인이 운영하는 ○○○에서 KB국민 카드 회원이 사용한 카드대금에 관하여 채무자가 제3채무자1에 대하여 가지는 가맹점에 입금할 청구채권 중, 위 청구채권.

2. 제3채무자2 BC카드 주식회사

   금 10,000,000원정.

   채무자 주식회사 ○○영농법인이 운영하는 ○○○에서 BC카드 회원이 사용한 카드대금에 관하여 채무자가 제3채무자2에 대하여 가지는 가맹점에 입금할 청구채권 중, 위 청구채권.

3. 제3채무자3 주식회사 현대카드

   금 10,000,000원정.

   채무자 주식회사 ○○영농법인이 운영하는 ○○○에서 현대카드 회원이 사용한 카드대금에 관하여 채무자가 제3채무자3에 대하여 가지는 가맹점에 입금할 청구채권 중, 위 청구채권.

   － 끝 －

채권가압류신청진술서

신청인은 채권가압류신청과 관련하여 다음 사실을 진술합니다. 다음의 진술과 관련하여 고의로 누락하거나 허위로 진술한 내용이 발견된 경우에는, 그로 인하여 보정명령 없이 신청이 기각되거나 가압류이의절차에서 불이익을 받을 것임을 잘 알고 있습니다.

○○○○ 년 ○○ 월 ○○ 일

위 채권자 : ○ ○ ○ (인)

※ 채무자가 여럿인 경우에는 각 채무자별로 따로 작성하여야 합니다.

- 다 음 -

1. 피보전권리(청구채권)와 관련하여

　　가. 채무자가 신청서에 기재한 청구채권을 인정하고 있습니까?

　　　　■ 예
　　　　□ 아니오 ➜ 채무자 주장의 요지 :
　　　　□ 기타 :

　　나. 채무자의 의사를 언제, 어떠한 방법으로 확인하였습니까?
　　　　(소명자료 첨부)

■ 차용증 및 내용증명 최고서를 각 첨부하였습니다.

다. 채권자가 신청서에 기재한 청구금액은 본안소송에서 승소할 수 있는 금액으로 적정하게 산출된 것입니까? (과도한 가처분으로 인해 채무자가 손해를 입으면 배상하여야 합니다.)

■ 예
□ 아니오

2. 보전의 필요성과 관련하여

가. 채권자가 채무자의 재산에 대하여 가압류하지 않으면 향후 강제집행이 불가능하거나 매우 곤란해질 사유의 내용은 무엇입니까?

채권자는 채무자를 상대로 하여 현재 귀원에 대여금청구의 소송을 준비 중에 있으나 본안소송은 상당한 시일을 요할 뿐만 아니라 채권자가 알아본 바에 의하면 채무자에게는 별다른 재산은 없는 상태이고 별지 목록 기재 채권이 유일한 재산인데 이것마저도 채무자가 제3채무자들로부터 수령하여버릴 경우 훗날 채권자가 채무자를 상대로 한 본안소송에서 승소판결을 득한다 하더라도 직접 강제집행이 불능케 될 우려가 있어 보전의 필요성이 있습니다.

나. 채권자는 신청서에 기재한 청구채권과 관련하여 공정증서 또는 제소전화해조서가 있습니까?

■ 없습니다.

다. 채권자는 신청서에 기재한 청구채권과 관련하여 취득한 담
   보가 있습니까? 있다면 이 사건 가압류를 신청한 이유는 무
   엇입니까?

   ■ 없습니다.

라. [채무자가 (연대)보증인인 경우] 채권자는 주 채무자에 대
   하여 어떠한 보전조치를 취하였습니까?

마. [다수의 부동산에 대한 가압류신청인 경우] 각 부동산의 가
   액은 얼마입니까? (소명자료 첨부)

   ■ 없습니다.

바. [유체동산 또는 채권 가압류신청인 경우] 채무자에게는 가
   압류할 부동산이 있습니까?

   □ 예
   ■ 아니오

사. ["예"로 대답한 경우] 가압류할 부동산이 있다면, 부동산
   이 아닌 유체동산 또는 채권 가압류신청을 하는 이유는 무
   엇입니까?

□ 이미 부동산상의 선순위 담보 등이 부동산가액을 초과함

　　➔ 부동산등기부등본 및 가액소명자료 첨부

□ 기타 사유 ➔ 내용 :

아. [유체동산가압류 신청인 경우]

① 가압류할 유체동산의 품목, 가액은?

② 채무자의 다른 재산에 대하여 어떠한 보전조치를 취하였습니까? 그 결과는?

3. 본안소송과 관련하여

가. 채권자는 신청서에 기재한 청구채권과 관련하여 채무자를 상대로 본안소송을 제기한 사실이 있습니까?

□ 예

■ 아니오

나. ["예" 로 대답한 경우]

① 본안소송을 제기한 법원 · 사건번호 · 사건명은?

② 현재 진행상황 또는 소송결과는?

다. ["아니오" 로 대답한 경우] 채권자는 본안소송을 제기할 예정입니까?

■ 예 ➔ 본안소송 제기 예정일 : ○○○○년 ○○ 월 ○
○ 일

□ 아니오 ➔ 사유 :

4. 중복가압류와 관련하여

가. 채권자는 신청서에 기재한 청구채권(금액 불문)을 원인으로, 이 신청 외에 채무자를 상대로 하여 가압류를 신청한 사실이 있습니까? (과거 및 현재 포함)

□ 예

■ 아니오

나. ["예" 로 대답한 경우]

① 가압류를 신청한 법원 · 사건번호 · 사건명은?

② 현재 진행상황 또는 결과(취하/각하/인용/기각 등)는? (소명자료첨부)

다. [다른 가압류가 인용된 경우] 추가로 이 사건 가압류를 신청하는 이유는 무엇입니까? (소명자료 첨부)

채권가압류신청서

채 권 자 :　　○　　　　○　　　　○

채 무 자 :　　○　　　　○　　　　○

제 3 채 무 자 :　대 한 민 국　외1

청구금액 표시	금 30,000,000 원	
첨부할 인지액	금　　10,000 원	
첨부한 인지액	금　　10,000 원	
납부한 송달료	금　　54,000 원	
비　　　　　고		

대구지방법원 서부지원 귀중

채권가압류신청서

1. 채권자

성 명	○ ○ ○	주민등록번호	생략
주 소	대구시 ○○구 ○○로 ○○길 ○○, ○○○호		
직 업	개인사업	사무실 주 소	생략
전 화	(휴대폰) 010 - 9876 - 0000		
기타사항	이 사건 채권자입니다.		

2. 채무자

성 명	○ ○ ○	법인등록번호	생략
주 소	대구시 ○○구 ○○로 ○○길 ○○, ○○○호		
대 표 자	상업	사무실 주 소	생략
전 화	(휴대폰) 010 - 1248 - 0000		
기타사항	이 사건 채무자입니다.		

3. 제3채무자1

성 명	대한민국
주 소	위 법률상 대표자 법무부
대 표 자	장관 박상기
전 화	(대표전화) 02 - 2110 - 3000
소 관	○○우체국

제3채무자2

성 명	신협중앙회	법인등록번호	생략
주 소	대전광역시 서구 한밭대로 745,		
대 표 자	회장 김윤식		
전 화	(대표전화) 042 - 720 - 1000		
기타사항	이 사건 제3채무자2 입니다.		

4. 청구채권의 표시

금 30,000,000원정

단, 채권자가 채무자에 대하여 가지는 ○○○○. ○○. ○○. 자 대여금청구채권.

5. 가압류할 채권의 표시

별지 제1 목록 기재와 같습니다.

신청취지

1. 채무자가 제3채무자에 대하여 가지는 별지 제1목록 기재의 채권을 가압류한다.

2. 제3채무자는 채무자에게 위 채권에 관한 지급을 하여서는 아니된다.

3. 이 사건에 대한 담보제공은 공탁보증보험증권(보증보험주식회사 증권번호 제○○○○호)을 제출하는 방법으로 할 수 있도록 허가하여 주시기 바랍니다.

라는 결정을 원합니다.

신청이유

1. 채권자는 채무자의 요청에 의하여 ○○○○. ○○. ○○. 금 30,000,000원을 대여하고 이 대여금은 ○○○○. ○○. ○○. 변제하기로 하였는데 채무자는 변제기일이 훨씬 지났으나 위 대여금의 원리금을 변제하지 않고 있습니다.

2. 이에 채권자는 채무자가 운영하는 점포나 집에까지 수차례에 찾아갔으나 번번이 만날 수가 없어서 내용증명을 여러 차례 발송하여도 전혀 답변이 없고 고의적으로 채권자를 피하면서 현재에 이르기까지 변제에 응하지 않고 있습니다.

3. 따라서 채권자는 채무자를 상대로 대여금청구소송을 제기하고자 하나 이는 시일이 많이 걸리고, 채무자가 제3채무자들에 가지는 예금청구권마저도 채무자가 회수하여 간다면 채권자가 위 청구채권을 지급받기란 불가능하므로 집행보전을 위하여 부득이 이를 가압류하고자 하오니 허락하여 주시기 바랍니다.

소명자료 및 첨부서류

1. 소 갑제1호증   차용증
1. 소 갑제2호증   내용증명
1. 소 갑제3호증   최고서
1. 제3채무자2에 대한 법인등기부등본
1. 가압류신청진술서

○○○○ 년 ○○ 월 ○○ 일

위 채권자 : ○ ○ ○   (인)

대구지방법원 서부지원 귀중

가압류할 채권의 표시

1. 가압류할 채권의 표시

   금 20,000,000원정

   단, 채무자 ○○○(주민등록번호 : ○○○○○○-○○○○○○
      ○)가 제3채무자1에 대하여 가지는 ○○우체국 계좌번호
      ○○○-○○○-○○○○○호의 예금통장에 있는 위 청구금
      액에 이르기까지의 출급청구채권.

                                              - 끝 -

가압류할 채권의 표시

2. 가압류할 채권의 표시

금 10,000,000원정

단, 채무자 ○○○(주민등록번호 : ○○○○○○-○○○○○○
○)가 제3채무자2(취급점 : ○○지점)에 대하여 가지는 입금되
어 있거나 장래 입금될 다음 예금채권중 다음에서 기재한 순서
에 따라 위 청구금액에 이를 때까지의 금액.

- 다 음 -

1. 압류 · 가압류되지 않은 예금과 압류 · 가압류된 예금이 있는 때
   에는 다음 순서에 따라서 가압류한다.

   가. 선행 압류 · 가압류가 되지 않은 예금
   나. 선행 압류 · 가압류가 된 예금

2. 여러 종류의 예금이 있는 때에는 다음 순서에 의히여 가압류한다.

   1) 보통예금 2) 당좌예금 3) 정기예금 4) 정기적금
   5) 별단예금 6) 저축예금 7) MMF 8) MMDA
   9) 적립식펀드예금 10) 신탁예금 11) 채권형예금 12)청약예금

3. 같은 종류의 예금이 여러 계좌에 있는 때에는 계좌번호가 빠른
   예금부터 가압류한다.

- 끝 -

채권가압류신청진술서

신청인은 채권가압류신청과 관련하여 다음 사실을 진술합니다. 다음의 진술과 관련하여 고의로 누락하거나 허위로 진술한 내용이 발견된 경우에는, 그로 인하여 보정명령 없이 신청이 기각되거나 가압류이의절차에서 불이익을 받을 것임을 잘 알고 있습니다.

○○○○ 년 ○○ 월 ○○ 일

위 채권자 : ○ ○ ○ (인)

※ 채무자가 여럿인 경우에는 각 채무자별로 따로 작성하여야 합니다.

- 다 음 -

1. 피보전권리(청구채권)와 관련하여

　　가. 채무자가 신청서에 기재한 청구채권을 인정하고 있습니까?

　　　　■ 예
　　　　□ 아니오 ➜ 채무자 주장의 요지 :
　　　　□ 기타 :

　　나. 채무자의 의사를 언제, 어떠한 방법으로 확인하였습니까?
　　　　(소명자료 첨부)

■ 차용증 및 내용증명서, 최고서를 각 첨부하였습니다.

다. 채권자가 신청서에 기재한 청구금액은 본안소송에서 승소할 수 있는 금액으로 적정하게 산출된 것입니까? (과도한 가처분으로 인해 채무자가 손해를 입으면 배상하여야 합니다.)

■ 예
□ 아니오

2. 보전의 필요성과 관련하여

가. 채권자가 채무자의 재산에 대하여 가압류하지 않으면 향후 강제집행이 불가능하거나 매우 곤란해질 사유의 내용은 무엇입니까?

채권자는 채무자를 상대로 하여 현재 귀원에 대여금 청구의 소송을 준비 중에 있으나 본안소송은 상당한 시일을 요할 뿐만 아니라 채권자가 알아본 바에 의하면 채무자에게는 별다른 재산은 없는 상태이고 별지 목록 기재 채권이 유일한 재산인데 이것마저도 채무자가 제3채무자들로부터 수령하여버릴 경우 훗날 채권자가 채무자를 상대로 한 본안소송에서 승소판결을 득한다 하더라도 직접 강제집행이 불능케 될 우려가 있어 보전의 필요성이 있습니다.

나. 채권자는 신청서에 기재한 청구채권과 관련하여 공정증서 또는 제소전화해조서가 있습니까?

■ 없습니다.

다. 채권자는 신청서에 기재한 청구채권과 관련하여 취득한 담보가 있습니까? 있다면 이 사건 가압류를 신청한 이유는 무엇입니까?

　■ 없습니다.

라. [채무자가 (연대)보증인인 경우] 채권자는 주 채무자에 대하여 어떠한 보전조치를 취하였습니까?

마. [다수의 부동산에 대한 가압류신청인 경우] 각 부동산의 가액은 얼마입니까? (소명자료 첨부)

　■ 없습니다.

바. [유체동산 또는 채권 가압류신청인 경우] 채무자에게는 가압류할 부동산이 있습니까?

　□ 예
　■ 아니오

사. ["예"로 대답한 경우] 가압류할 부동산이 있다면, 부동산이 아닌 유체동산 또는 채권 가압류신청을 하는 이유는 무엇입니까?

□ 이미 부동산상의 선순위 담보 등이 부동산가액을 초과함

→ 부동산등기부등본 및 가액소명자료 첨부

□ 기타 사유 → 내용 :

아. [유체동산가압류 신청인 경우]

① 가압류할 유체동산의 품목, 가액은?

② 채무자의 다른 재산에 대하여 어떠한 보전조치를 취하였습니까? 그 결과는?

3. 본안소송과 관련하여

가. 채권자는 신청서에 기재한 청구채권과 관련하여 채무자를 상대로 본안소송을 제기한 사실이 있습니까?

□ 예

■ 아니오

나. ["예" 로 대답한 경우]

① 본안소송을 제기한 법원 · 사건번호 · 사건명은?

② 현재 진행상황 또는 소송결과는?

다. ["아니오" 로 대답한 경우] 채권자는 본안소송을 제기할 예정입니까?

■ 예 ➜ 본안소송 제기 예정일 : ○○○○년 ○○ 월 ○○ 일

□ 아니오 ➜ 사유 :

4. 중복가압류와 관련하여

가. 채권자는 신청서에 기재한 청구채권(금액 불문)을 원인으로, 이 신청 외에 채무자를 상대로 하여 가압류를 신청한 사실이 있습니까? (과거 및 현재 포함)

□ 예

■ 아니오

나. ["예" 로 대답한 경우]

① 가압류를 신청한 법원 · 사건번호 · 사건명은?

② 현재 진행상황 또는 결과(취하/각하/인용/기각 등)는? (소명자료첨부)

다. [다른 가압류가 인용된 경우] 추가로 이 사건 가압류를 신청하는 이유는 무엇입니까? (소명자료 첨부)

채 권 가 압 류 신 청 서

채 권 자 : ○   ○   ○

채 무 자 : ○   ○   ○

제 3 채 무 자 : 주식회사   하나은행

청구금액 표시	금 90,000,000 원
첨부할 인지액	금　　　10,000 원
첨부한 인지액	금　　　10,000 원
납부한 송달료	금　　　40,500 원
비　　　고	

대전지방법원 민사신청과 귀중

채권가압류신청서

1. 채권자

성 명	○ ○ ○	주민등록번호	생략
주 소	대전시 ○○구 ○○로 ○○길 ○○, ○○○-○○○호		
직 업	상업	사무실 주 소	생략
전 화	(휴대폰) 010 - 1209 - 0000		
기타사항	이 사건 채권자입니다.		

2. 채무자

성 명	○ ○ ○	주민등록번호	생략
주 소	대전시 ○○구 ○○로 ○○길 ○○, ○○○-○○○호		
직 업	상업	사무실 주 소	생략
전 화	(휴대폰) 010 - 5590 - 0000		
기타사항	이 사건 채무자입니다.		

3. 제3채무자1

성 명	KEB 하나은행	법인등록번호	생략
주 소	서울시 중구 을지로 66, 하나은행본점		
대 표 자	대표이사 함영주		
전 화	(대표전화) 1599 - 1111		
기타사항	이 사건 제3채무자입니다.		

4. 청구채권의 표시

금 90,000,000원정

단, 채권자가 채무자에 대하여 ○○○○. ○○. ○○.부터 ○
○○○. ○○. ○○.까지 물품을 공급하고 지급받지 못하
고 있는 물품대금 청구채권의 집행보전.

5. 가압류할 채권의 표시

별지 제1 목록 기재와 같습니다.

신청취지

1. 채무자가 제3채무자에 대하여 가지는 별지 제1목록 기재의 채
   권을 가압류한다.
2. 제3채무자는 채무자에게 위 채권에 관한 지급을 하여서는 아니
   된다.
3. 이 사건에 대한 담보제공은 공탁보증보험증권(보증보험주식회
   사 증권번호 제○○○○호)을 제출하는 방법으로 할 수 있도록
   허가하여 주시기 바랍니다.

라는 결정을 원합니다.

신청이유

1. 당사자 관계

채권자는 위 주소지에서 식자재를 대형식당에 공급하는 개인
사업을 하고 있고, 채무자는 주소지에서 향토음식이라는 상호
로 한정식을 운영하고 있습니다.

2. 채권발생 경위

채권자는 채무자의 요청에 의하여 ○○○○. ○○. ○○.부터
○○○○. ○○. ○○.까지 식자재를 공급하고 그 대금을 지급
받기로 하였으나, 채무자로부터 현재까지 지급받지 못한 외상
대금은 금 90,000,000원에 이르게 되었습니다.

그리하여 채권자는 채무자에게 위 금원을 지급하여 줄 것을 누
차 요청하였으나 채무자는 차일피일 지체하면서 지급하지 않고
있다가 ○○○○. ○○. ○○.까지 변제하겠다는 지불각서를
교부받았습니다.

채무자는 위 지불각서의 약속기일이 지나도록 변제할 생각은
하지 않고 차일피일 미루고만 있는 바람에 채권자로서는 자금
회전이 되지 않아 부도날 직전까지 봉착되어 있습니다.

3. 가압류를 신청하게 된 급박한 사정

그리하여, 채권자는 채무자를 상대로 위 물품대금을 지급받기
위해 본안소송을 준비 중에 있으나 채무자는 아무런 재산이 없

을 뿐만 아니라, 위 한정식당도 타에 넘어 간다는 소문도 무성
하고 직원들의 인건비도 못주고 있는 형편이라 채권자가 변제
받을 수 있는 것은 오직 제3채무자로부터 지급받을 별지 기재
채권밖에 없으므로 이 또한 지금당장 가압류를 하지 않는다면
채권자가 후일 승소판결을 얻는다 하더라도 사업장이 폐쇄되는
등 그 집행이 불능 될 소지가 다분히 있으므로 그 집행을 보전
하기 위하여 이 사건 가압류신청에 이른 것입니다.

소명자료 및 첨부서류

1. 소 갑제1호증   거래명세서
1. 소 갑제2호증   각서
1. 제3채무자에 대한 법인등기부등본
1. 가압류신청진술서

○○○○ 년 ○○ 월 ○○ 일

위 채권자 : ○   ○   ○   (인)

대전지방법원 민사신청과 귀중

가압류할 채권의 표시

금 90,000,000원정

　단, 채무자 ○○○(주민등록번호 : ○○○○○○-○○○○○
　　○)가 제3채무자(취급점 : 대전 ○○지점)에 대하여 가지
　　는 입금되어 있거나 장래 입금될 예금채권중 다음에서 기
　　재한 순서에 따라 위 청구금액에 이를 때까지의 금액.

- 다 음 -

1. 압류·가압류되지 않은 예금과 압류·가압류된 예금이 있는 때
　에는 다음 순서에 따라서 가압류한다.

　가. 선행 압류·가압류가 되지 않은 예금
　나. 선행 압류·가압류가 된 예금

2. 여러 종류의 예금이 있는 때에는 다음 순서에 의하여 가압류한다.

　1) 보통예금 2) 당좌예금 3) 정기예금 4) 정기적금
　5) 별단예금 6) 저축예금 7) MMF 8) MMDA
　9) 적립식펀드예금 10) 신탁예금 11) 채권형예금 12) 청약예금

3. 같은 종류의 예금이 여러 계좌에 있는 때에는 계좌번호가 빠른
　예금부터 가압류한다.

- 끝 -

채권가압류신청진술서

신청인은 채권가압류신청과 관련하여 다음 사실을 진술합니다. 다음의 진술과 관련하여 고의로 누락하거나 허위로 진술한 내용이 발견된 경우에는, 그로 인하여 보정명령 없이 신청이 기각되거나 가압류이의절차에서 불이익을 받을 것임을 잘 알고 있습니다.

○○○○ 년 ○○ 월 ○○ 일

위 채권자 : ○ ○ ○   (인)

※ 채무자가 여럿인 경우에는 각 채무자별로 따로 작성하여야 합니다.

- 다 음 -

1. 피보전권리(청구채권)와 관련하여

가. 채무자가 신청서에 기재한 청구채권을 인정하고 있습니까?

■ 예

□ 아니오 ➔ 채무자 주장의 요지 :

□ 기타 :

나. 채무자의 의사를 언제, 어떠한 방법으로 확인하였습니까?
(소명자료 첨부)

■ 차용증 및 각서를 첨부하였습니다.

다. 채권자가 신청서에 기재한 청구금액은 본안소송에서 승소할 수 있는 금액으로 적정하게 산출된 것입니까? (과도한 가처분으로 인해 채무자가 손해를 입으면 배상하여야 합니다.)

■ 예
□ 아니오

2. 보전의 필요성과 관련하여

가. 채권자가 채무자의 재산에 대하여 가압류하지 않으면 향후 강제집행이 불가능하거나 매우 곤란해질 사유의 내용은 무엇입니까?

채권자는 채무자를 상대로 하여 현재 귀원에 물품대금 청구의 소송을 준비 중에 있으나, 본안소송은 상당한 시일을 요할 뿐만 아니라 채권자가 알아본 바에 의하면 채무자에게는 별다른 재산은 없는 상태이고 별지 목록 기재 채권이 유일한 재산인데 이것마저도 채무자가 제3채무자로부터 수령하여버릴 경우 훗날 채권자가 채무자를 상대로 한 본안소송에서 승소판결을 득한다 하더라도 직접 강제집행이 불능케 될 우려가 있어 보전의 필요성이 있습니다.

나. 채권자는 신청서에 기재한 청구채권과 관련하여 공정증서 또는 제소전화해조서가 있습니까?

■ 없습니다.

다. 채권자는 신청서에 기재한 청구채권과 관련하여 취득한 담
보가 있습니까? 있다면 이 사건 가압류를 신청한 이유는 무
엇입니까?

■ 없습니다.

라. [채무자가 (연대)보증인인 경우] 채권자는 주 채무자에 대
하여 어떠한 보전조치를 취하였습니까?

마. [다수의 부동산에 대한 가압류신청인 경우] 각 부동산의 가
액은 얼마입니까? (소명자료 첨부)

■ 없습니다.

바. [유체동산 또는 채권 가압류신청인 경우] 채무자에게는 가
압류할 부동산이 있습니까?

□ 예
■ 아니오

사. ["예"로 대답한 경우] 가압류할 부동산이 있다면, 부동산
이 아닌 유체동산 또는 채권 가압류신청을 하는 이유는 무
엇입니까?

□ 이미 부동산상의 선순위 담보 등이 부동산가액을 초과함
　→ 부동산등기부등본 및 가액소명자료 첨부

□ 기타 사유 → 내용 :

아. [유체동산가압류 신청인 경우]

① 가압류할 유체동산의 품목, 가액은?

② 채무자의 다른 재산에 대하여 어떠한 보전조치를 취하였습니까? 그 결과는?

3. 본안소송과 관련하여

가. 채권자는 신청서에 기재한 청구채권과 관련하여 채무자를 상대로 본안소송을 제기한 사실이 있습니까?

□ 예
■ 아니오

나. ["예" 로 대답한 경우]

① 본안소송을 제기한 법원 · 사건번호 · 사건명은?

② 현재 진행상황 또는 소송결과는?

다. ["아니오" 로 대답한 경우] 채권자는 본안소송을 제기할 예정입니까?

■ 예 → 본안소송 제기 예정일 : ○○○○년 ○○ 월 ○○ 일

□ 아니오 → 사유 :

4. 중복가압류와 관련하여

가. 채권자는 신청서에 기재한 청구채권(금액 불문)을 원인으로, 이 신청 외에 채무자를 상대로 하여 가압류를 신청한 사실이 있습니까? (과거 및 현재 포함)

□ 예

■ 아니오

나. ["예"로 대답한 경우]

① 가압류를 신청한 법원 · 사건번호 · 사건명은?

② 현재 진행상황 또는 결과(취하/각하/인용/기각 등)는? (소명자료첨부)

다. [다른 가압류가 인용된 경우] 추가로 이 사건 가압류를 신청하는 이유는 무엇입니까? (소명자료 첨부)

채권가압류신청서

채 권 자 : ○   ○   ○

채 무 자 : ○○ 건설 주식회사

제 3 채 무 자 : 새 마 을 금 고 외2

청구금액 표시	금 10,980,000 원	
첨부할 인지액	금 10,000 원	
첨부한 인지액	금 10,000 원	
납부한 송달료	금 67,500 원	
비 고		

창원지방법원 통영지원 귀중

채권가압류신청서

1. 채권자

성 명	○ ○ ○	주민등록번호	생략
주 소	경상남도 통영시 ○○로 ○○길 ○○, ○○○호		
직 업	근로자	사무실 주 소	생략
전 화	(휴대폰) 010 - 2969 - 0000		
기타사항	이 사건 채권자입니다.		

2. 채무자

성 명	○○건설(주)	주민등록번호	생략
주 소	경상남도 통영시 ○○로 ○○○,		
대 표 자	대표이사 ○○○		
전 화	(휴대폰) 010 - 7751 - 0000		
기타사항	이 사건 채무자입니다.		

3. 제3채무자1

성 명	신협중앙회	법인등록번호	생략
주 소	대전광역시 서구 한밭대로 745,		
대 표 자	회장 문철상		
전 화	(대표전화) 042 - 720 - 1000		
기타사항	이 사건 제3채무자1입니다.		

제3채무자2

성 명	새마을금고중앙회	법인등록번호	생략
주 소	서울시 강남구 봉은사로114길 20, 새마을금고연합회관		
대 표 자	회장 박차훈		
전 화	(대표전화) 1599 - 9000		
기타사항	이 사건 제3채무자2 입니다.		

제3채무자3

성 명	농협은행(주)	법인등록번호	생략
주 소	서울시 중구 통일로 120, NH농협은행		
대 표 자	대표이사 이대훈		
전 화	(대표전화) 1588 - 2100		
기타사항	이 사건 제3채무자3입니다.		

4.청구채권의 표시

금 10,980,000원(퇴직금 및 임금 합계금)

5.가압류할 채권의 표시

별지 제1 목록 기재와 같습니다.

신 청 취 지

1. 채무자가 제3채무자에 대하여 가지는 별지 제1목록 기재의 채권을 가압류한다.

2. 제3채무자는 채무자에게 위 채권에 관한 지급을 하여서는 아니된다.

3. 이 사건에 대한 담보제공은 공탁보증보험증권(보증보험주식회사 증권번호 제○○○○호)을 제출하는 방법으로 할 수 있도록 허가하여 주시기 바랍니다.

라는 결정을 원합니다.

신 청 이 유

1. 채무자는 주소지에서 종합건설면허를 가지고 건축업을 하는 법인이고 채권자는 채무자에게 고용되어 근무하던 근로자입니다.

2. 채권자는 채무자로부터 ○○○○. ○○.분 임금 1,830,000원, ○○○○. ○○.분 임금 1.830,000원, ○○○○. ○○.분 임금 1,830,000원, ○○○○. ○○.분 임금 1,830,000원, 퇴직금 3,660,000원 합계금 10,980,000원을 받지 못하고 있습니다.

3. 채권자는 채무자를 싱대로 임금 등 청구의 본안 소송을 제기하려고 하는데, 채무자의 유일한 재산인 별지 제1목록 기재의 채권을 지금당장 가압류하지 않으면 채권자가 나중에 본안소송에서 승소하더라도 집행할 수 없을 것이므로 우선 집행보전을 위

하여 이 사건 채권가압류신청에 이른 것입니다.

소명자료 및 첨부서류

1. 소 갑제1호증   체불임금확인원
1. 채무자 및 제3채무자에 대한 법인등기부등본
1. 가압류신청진술서

○○○○ 년 ○○ 월 ○○ 일

위 채권자 : ○   ○   ○   (인)

창원지방법원 통영지원 귀중

가압류할 채권의 표시

1. 가압류할 채권의 표시

　금 5,980,000원정

　단, 채무자 ○○건서 주식회사(사업자등록번호 : ○○○-○○-○○○○)가 제3채무자1(취급점 : ○○지점)에 대하여 가지는 입금되어 있거나 장래 입금될 다음 예금채권중 다음에서 기재한 순서에 따라 위 청구금액에 이를 때까지의 금액.

- 다　음 -

1. 압류·가압류되지 않은 예금과 압류·가압류된 예금이 있는 때에는 다음 순서에 따라서 가압류한다.

　가. 선행 압류·가압류가 되지 않은 예금
　나. 선행 압류·가압류가 된 예금

2. 여러 종류의 예금이 있는 때에는 다음 순서에 의하여 가압류한다.

　1) 보통예금 2) 당좌예금 3) 정기예금 4) 정기적금
　5) 별단예금 6) 저축예금 7) MMF 8) MMDA
　9) 적립식펀드예금 10) 신탁예금 11) 채권형예금 12)청약예금

3. 같은 종류의 예금이 여러 계좌에 있는 때에는 계좌번호가 빠른 예금부터 가압류한다.

- 끝 -

[별 지 1]

가압류할 채권의 표시

2. 가압류할 채권의 표시

금 3,000,000원정

단, 채무자 ○○건설 주식회사(사업자등록번호 : ○○○-○○-○○○○)가 제3채무자2(취급점 : ○○지점)에 대하여 가지는 입금되어 있거나 장래 입금될 다음 예금채권중 다음에서 기재한 순서에 따라 위 청구금액에 이를 때까지의 금액.

- 다 음 -

1. 압류·가압류되지 않은 예금과 압류·가압류된 예금이 있는 때에는 다음 순서에 따라서 가압류한다.

   가. 선행 압류·가압류가 되지 않은 예금
   나. 선행 압류·가압류가 된 예금

2. 여러 종류의 예금이 있는 때에는 다음 순서에 의하여 가압류한다.

   1) 보통예금 2) 당좌예금 3) 정기예금 4) 정기적금
   5) 별단예금 6) 저축예금 7) MMF 8) MMDA
   9) 적립식펀드예금 10) 신탁예금 11) 채권형예금 12)청약예금

3. 같은 종류의 예금이 여러 계좌에 있는 때에는 계좌번호가 빠른 예금부터 가압류한다.

- 끝 -

[별 지 1]

가압류할 채권의 표시

3. 가압류할 채권의 표시

금 2,000,000원정

단, 채무자 ○○건설 주식회사(사업자등록번호 : ○○○-○○-○○○○)가 제3채무자3(취급점 : ○○지점)에 대하여 가지는 입금되어 있거나 장래 입금될 다음 예금채권중 다음에서 기재한 순서에 따라 위 청구금액에 이를 때까지의 금액.

- 다 음 -

1. 압류·가압류되지 않은 예금과 압류·가압류된 예금이 있는 때에는 다음 순서에 따라서 가압류한다.

　　가. 선행 압류·가압류가 되지 않은 예금
　　나. 선행 압류·가압류가 된 예금

2. 여러 종류의 예금이 있는 때에는 다음 순서에 의하여 가압류한나.

　　1) 보통예금　2) 당좌예금　3) 정기예금　4) 정기적금
　　5) 별단예금　6) 저축예금　7) MMF　8) MMDA
　　9) 적립식펀드예금　10) 신탁예금　11) 채권형예금　12)청약예금

3. 같은 종류의 예금이 여러 계좌에 있는 때에는 계좌번호가 빠른 예금부터 가압류한다.

- 끝 -

채권가압류신청진술서

신청인은 채권가압류신청과 관련하여 다음 사실을 진술합니다. 다음의 진술과 관련하여 고의로 누락하거나 허위로 진술한 내용이 발견된 경우에는, 그로 인하여 보정명령 없이 신청이 기각되거나 가압류이의절차에서 불이익을 받을 것임을 잘 알고 있습니다.

○○○○ 년 ○○ 월 ○○ 일

위 채권자 : ○ ○ ○   (인)

※ 채무자가 여럿인 경우에는 각 채무자별로 따로 작성하여야 합니다.

- 다   음 -

1. 피보전권리(청구채권)와 관련하여

　　가. 채무자가 신청서에 기재한 청구채권을 인정하고 있습니까?

　　　　■ 예
　　　　□ 아니오 ➜ 채무자 주장의 요지 :
　　　　□ 기타 :

　　나. 채무자의 의사를 언제, 어떠한 방법으로 확인하였습니까?
　　　　(소명자료 첨부)

■ 체불임금확인서를 첨부하였습니다.

다. 채권자가 신청서에 기재한 청구금액은 본안소송에서 승소할
수 있는 금액으로 적정하게 산출된 것입니까? (과도한 가처
분으로 인해 채무자가 손해를 입으면 배상하여야 합니다.)

■ 예
□ 아니오

2. 보전의 필요성과 관련하여

가. 채권자가 채무자의 재산에 대하여 가압류하지 않으면 향후
강제집행이 불가능하거나 매우 곤란해질 사유의 내용은 무
엇입니까?

채권자는 채무자를 상대로 하여 현재 귀원에 임금 등 청구
의 소송을 준비 중에 있으나 본안소송은 상당한 시일을 요
할 뿐만 아니라 채권자가 알아본 바에 의하면 채무자에게
는 별다른 재산은 없는 상태이고 별지목록 기재 채권이 유
일한 재산인데 이것마저도 채무자가 제3채무자들로부터 수
령하여버릴 경우 훗날 채권자가 채무자를 상대로 한 본안
소송에서 승소판결을 득한다 하더라도 직접 강제집행이 불
능게 될 우려가 있어 보전의 필요성이 있습니다.

나. 채권자는 신청서에 기재한 청구채권과 관련하여 공정증서
또는 제소전화해조서가 있습니까?

■ 없습니다.

다. 채권자는 신청서에 기재한 청구채권과 관련하여 취득한 담
　　보가 있습니까? 있다면 이 사건 가압류를 신청한 이유는 무
　　엇입니까?

　　■ 없습니다.

라. [채무자가 (연대)보증인인 경우] 채권자는 주 채무자에 대
　　하여 어떠한 보전조치를 취하였습니까?

마. [다수의 부동산에 대한 가압류신청인 경우] 각 부동산의 가
　　액은 얼마입니까? (소명자료 첨부)

　　■ 없습니다.

바. [유체동산 또는 채권 가압류신청인 경우] 채무자에게는 가
　　압류할 부동산이 있습니까?

　　□ 예
　　■ 아니오

사. ["예"로 대답한 경우] 가압류할 부동산이 있다면, 부동산
　　이 아닌 유체동산 또는 채권 가압류신청을 하는 이유는 무
　　엇입니까?

□ 이미 부동산상의 선순위 담보 등이 부동산가액을 초과함
→ 부동산등기부등본 및 가액소명자료 첨부

□ 기타 사유 → 내용 :

아. [유체동산가압류 신청인 경우]

① 가압류할 유체동산의 품목, 가액은?

② 채무자의 다른 재산에 대하여 어떠한 보전조치를 취하였습니까? 그 결과는?

3. 본안소송과 관련하여

가. 채권자는 신청서에 기재한 청구채권과 관련하여 채무자를 상대로 본안소송을 제기한 사실이 있습니까?

□ 예

■ 아니오

나. ["예" 로 대답한 경우]

① 본안소송을 제기한 법원·사건번호·사건명은?

② 현재 진행상황 또는 소송결과는?

다. ["아니오" 로 대답한 경우] 채권자는 본안소송을 제기할 예정입니까?

■ 예 ➔ 본안소송 제기 예정일 : ○○○○년 ○○ 월 ○○ 일

□ 아니오 ➔ 사유 :

4. 중복가압류와 관련하여

가. 채권자는 신청서에 기재한 청구채권(금액 불문)을 원인으로, 이 신청 외에 채무자를 상대로 하여 가압류를 신청한 사실이 있습니까? (과거 및 현재 포함)

□ 예

■ 아니오

나. ["예" 로 대답한 경우]

① 가압류를 신청한 법원 · 사건번호 · 사건명은?

② 현재 진행상황 또는 결과(취하/각하/인용/기각 등)는? (소명자료첨부)

다. [다른 가압류가 인용된 경우] 추가로 이 사건 가압류를 신청하는 이유는 무엇입니까? (소명자료 첨부)

【통장가압류신청서8】 건축자재대금청구채권의 집행보전으로 채무자가 제3채무자 금융기관 7곳에 대한 예금을 통장가압류 신청하는 사례

채 권 가 압 류 신 청 서

채　권　자 ： ○　　　　○　　　　○

채　무　자 ： ○　　　　○　　　　○

제 3 채 무 자 ： 주식회사 농협은행 외6

청구금액 표시	금 70,000,000 원	
첨부할 인지액	금 10,000 원	
첨부한 인지액	금 10,000 원	
납부한 송달료	금 121,500 원	
비　　　고		

부산지방법원 동부지원 귀중

채권가압류신청서

1. 채권자

성 명	○ ○ ○	주민등록번호	생략
주 소	부산시 해운대구 ○○로 ○○길 ○○, ○○○호		
직 업	개인사업	사무실 주 소	생략
전 화	(휴대폰) 010 - 8890 - 0000		
기타사항	이 사건 채권자입니다.		

2. 채무자

성 명	○ ○ ○	주민등록번호	생략
주 소	부산시 해운대구 ○○로 ○길 ○○, ○○○-○○○호		
직 업	상업	사무실 주 소	생략
전 화	(휴대폰) 010 - 9909 - 0000		
기타사항	이 사건 채무자입니다.		

3. 제3채무자1

성 명	농협은행(주)	법인등록번호	생략
주 소	서울시 중구 통일로 120, NH농협은행		
대 표 자	은행장 이대훈		
전 화	(대표전화) 1588 - 2100		
기타사항	이 사건 제3채무자1 입니다.		

제3채무자2

성 명	새마을금고중앙회	법인등록번호	생략
주 소	서울시 강남구 봉은사로114길20, 새마을금고연합회관		
대 표 자	회장 박차훈		
전 화	(대표전화) 1599 - 9000		
기타사항	이 사건 제3채무자2입니다.		

제3채무자3

성 명	신협중앙회	법인등록번호	생략
주 소	대전광역시 서구 한밭대로 745,		
대 표 자	회장 문철상		
전 화	(대표전화) 042 - 720 - 1000		
기타사항	이 사건 제3채무자3입니다.		

제3채무자4

성 명	중소기업은행	법인등록번호	생략
주 소	서울시 중구 을지로 79,		
대 표 자	은행장 김도진		
전 화	(대표전화) 1588 - 2588		
기타사항	이 사건 제3채무자4입니다.		

제3채무자5

성 명	(주) 신한은행	법인등록번호	생략
주 소	서울시 중구 세종대로9길 20,		
대 표 자	대표이사 위성호		
전 화	(대표전화) 1599 - 8000		
기타사항	이 사건 제3채무자5입니다.		

제3채무자6

성 명	국민은행(주)	법인등록번호	생략
주 소	서울시 중구 남대문로 84,(을지로 2가)		
대 표 자	대표이사 허 인		
전 화	(대표전화) 1599 - 9999		
기타사항	이 사건 제3채무자6입니다.		

제3채무자7

성 명	(주) 우리은행	법인등록번호	생략
주 소	서울시 중구 소공로 51, 우리은행본점		
대 표 자	대표이사 손태승		
전 화	(대표전화) 1588 - 5000		
기타사항	이 사건 제3채무자7입니다.		

4. 청구채권의 표시

금 70,000,000원

단, 채권자가 채무자의 요청에 의하여 ○○○○. ○○. ○○.
부터 ○○○○. ○○. ○○.까지 건축원자재를 판매하고
지급받지 못하고 있는 판매대금청구채권의 집행보전.

5. 가압류할 채권의 표시

별지 제1 목록 기재와 같습니다.

신청취지

1. 채무자가 제3채무자에 대하여 가지는 별지 제1목록 기재의 채
   권을 가압류한다.
2. 제3채무자는 채무자에게 위 채권에 관한 지급을 하여서는 아니
   된다.
3. 이 사건에 대한 담보제공은 공탁보증보험증권(보증보험주식회
   사 증권번호 제○○○○호)을 제출하는 방법으로 할 수 있도록
   허가하여 주시기 바랍니다.

라는 결정을 원합니다.

신청이유

1. 당사자 관계

채권자는 위 주소지에서 건축자재를 판매하는 개인사업자이고, 채무자는 ○○건축이라는 상호로 빌라 등을 건축하는 건축업자입니다.

2. 채권발생 경위

채권자는 채무자의 요청에 의하여 ○○○○. ○○. ○○.부터 ○○○○. ○○. ○○.까지 총 37회에 걸쳐 채무자가 건축하던 부산시 해운대구 재반로12번길 ○○ 소재의 빌라신축현장에 시멘트와 철물 등을 총 70,000,000원을 판매하였으나 지금까지 지급하지 않고 있습니다.

그리하여 채권자는 채무자에게 위 금원을 지급하여 줄 것을 수차에 걸쳐 요청하였으나 채무자는 차일피일 지체하면서 지급하지 않고 있습니다.

채권자는 이로 인하여 경영상황이 악화되어 사업장운영에 큰 어려움을 겪고 있는 상황입니다.

3. 채권자가 가압류를 급박하게 하여야 할 이유

그리하여, 채권자는 채무자를 상대로 위 판매대금을 지급받기 위해 본안소송을 준비 중에 있으나 채권자가 알아본 바에 의하면 채무자는 다른 재산은 없을 뿐만 아니라, 위 빌라신축현장은 분양이 되지 않아 인건비마저 못주고 있는 형편이고, 빌라 현장은 은행에서 경매를 진행한다는 소문이 무성하여 타인에게 넘어갈 우려도 있습니다.

채권자가 위 판매대금을 회수할 채권은 오직 채무자가 제3채무들로부터 지급받을 별지 기재 채권밖에 없으므로 채권자가 후일 승소판결을 득한다 하더라도 사업장이 폐쇄되는 등 그 집행이 불능 될 우려가 다분히 있으므로 집행을 보전하기 위하여 이 사건 가압류신청에 이른 것입니다.

소명자료 및 첨부서류

1. 소 갑제1호증　　　　　거래명세서
1. 소 갑제2호증　　　　　내용증명최고서
1. 제3채무자들에 대한 법인등기부등본
1. 가압류신청진술서

○○○○ 년 ○○ 월 ○○ 일

위 채권자 : ○　○　○　（인）

부산지방법원 동부지원 귀중

[별 지 1]

가압류할 채권의 표시

1. 가압류할 채권의 표시

금 10,000,000원정

단, 채무자 ○○○(사업자등록번호 : ○○○-○○-○○○○)가 제3채무자1(취급점 : ○○지점)에 대하여 가지는 입금되어 있거나 장래 입금될 다음 예금채권중 다음에서 기재한 순서에 따라 위 청구금액에 이를 때까지의 금액.

- 다 음 -

1. 압류·가압류되지 않은 예금과 압류·가압류된 예금이 있는 때에는 다음 순서에 따라서 가압류한다.

    가. 선행 압류·가압류가 되지 않은 예금
    나. 선행 압류·가압류가 된 예금

2. 여러 종류의 예금이 있는 때에는 다음 순서에 의하여 가압류한다.

    1) 보통예금 2) 당좌예금 3) 정기예금 4) 정기적금
    5) 별단예금 6) 저축예금 7) MMF 8) MMDA
    9) 적립식펀드예금 10) 신탁예금 11) 채권형예금 12)청약예금

3. 같은 종류의 예금이 여러 계좌에 있는 때에는 계좌번호가 빠른 예금부터 가압류한다.

- 끝 -

[별 지 1]

가압류할 채권의 표시

2. 가압류할 채권의 표시

　금 10,000,000원정

　단, 채무자 ○○○(사업자등록번호 : ○○○-○○-○○○○)가 제3채무자2(취급점 : ○○지점)에 대하여 가지는 입금되어 있거나 장래 입금될 다음 예금채권중 다음에서 기재한 순서에 따라 위 청구금액에 이를 때까지의 금액.

- 다　　음 -

1. 압류·가압류되지 않은 예금과 압류·가압류된 예금이 있는 때에는 다음 순서에 따라서 가압류한다.

　가. 선행 압류·가압류가 되지 않은 예금
　나. 선행 압류·가압류가 된 예금

2. 여러 종류의 예금이 있는 때에는 다음 순서에 의하여 가압류한다.

　1) 보통예금　2) 당좌예금　3) 정기예금　4) 정기적금
　5) 별단예금　6) 저축예금　7) MMF　8) MMDA
　9) 적립식펀드예금　10) 신탁예금　11) 채권형예금　12)청약예금

3. 같은 종류의 예금이 여러 계좌에 있는 때에는 계좌번호가 빠른 예금부터 가압류한다.

- 끝 -

가압류할 채권의 표시

3. 가압류할 채권의 표시

금 10,000,000원정

단, 채무자 ○○○(사업자등록번호 : ○○○-○○-○○○○)가 제3채무자3(취급점 : ○○지점)에 대하여 가지는 입금되어 있거나 장래 입금될 다음 예금채권중 다음에서 기재한 순서에 따라 위 청구금액에 이를 때까지의 금액.

- 다 음 -

1. 압류·가압류되지 않은 예금과 압류·가압류된 예금이 있는 때에는 다음 순서에 따라서 가압류한다.

   가. 선행 압류·가압류가 되지 않은 예금
   나. 선행 압류·가압류가 된 예금

2. 여러 종류의 예금이 있는 때에는 다음 순서에 의하여 가압류한다.

   1) 보통예금 2) 당좌예금 3) 정기예금 4) 정기적금
   5) 별단예금 6) 저축예금 7) MMF 8) MMDA
   9) 적립식펀드예금 10) 신탁예금 11) 채권형예금 12)청약예금

3. 같은 종류의 예금이 여러 계좌에 있는 때에는 계좌번호가 빠른 예금부터 가압류한다.

- 끝 -

가압류할 채권의 표시

4. 가압류할 채권의 표시

금 10,000,000원정

단, 채무자 ○○○(사업자등록번호 : ○○○-○○-○○○○)가 제3채무자4(취급점 : ○○지점)에 대하여 가지는 입금되어 있거나 장래 입금될 다음 예금채권중 다음에서 기재한 순서에 따라 위 청구금액에 이를 때까지의 금액.

- 다 음 -

1. 압류 · 가압류되지 않은 예금과 압류 · 가압류된 예금이 있는 때에는 다음 순서에 따라서 가압류한다.

   가. 선행 압류 · 가압류가 되지 않은 예금
   나. 선행 압류 · 가압류가 된 예금

2. 여러 종류의 예금이 있는 때에는 다음 순서에 의하여 가압류한다.

   1) 보통예금 2) 당좌예금 3) 정기예금 4) 정기적금
   5) 별단예금 6) 저축예금 7) MMF 8) MMDA
   9) 적립식펀드예금 10) 신탁예금 11) 채권형예금 12)청약예금

3. 같은 종류의 예금이 여러 계좌에 있는 때에는 계좌번호가 빠른 예금부터 가압류한다.

- 끝 -

가압류할 채권의 표시

5. 가압류할 채권의 표시

금 10,000,000원정

단, 채무자 ○○○(사업자등록번호 : ○○○-○○-○○○○)가
제3채무자5(취급점 : ○○지점)에 대하여 가지는 입금되어 있
거나 장래 입금될 다음 예금채권중 다음에서 기재한 순서에 따
라 위 청구금액에 이를 때까지의 금액.

- 다 음 -

1. 압류·가압류되지 않은 예금과 압류·가압류된 예금이 있는 때
   에는 다음 순서에 따라서 가압류한다.

   가. 선행 압류·가압류가 되지 않은 예금
   나. 선행 압류·가압류가 된 예금

2. 여러 종류의 예금이 있는 때에는 다음 순서에 의하여 가압류한다.

   1) 보통예금 2) 당좌예금 3) 정기예금 4) 정기적금
   5) 별단예금 6) 저축예금 7) MMF 8) MMDA
   9) 적립식펀드예금 10) 신탁예금 11) 채권형예금 12)청약예금

3. 같은 종류의 예금이 여러 계좌에 있는 때에는 계좌번호가 빠른
   예금부터 가압류한다.

- 끝 -

가압류할 채권의 표시

6. 가압류할 채권의 표시

금 10,000,000원정

단, 채무자 ○○○(사업자등록번호 : ○○○-○○-○○○○)가 제3채무자6(취급점 : ○○지점)에 대하여 가지는 입금되어 있거나 장래 입금될 다음 예금채권중 다음에서 기재한 순서에 따라 위 청구금액에 이를 때까지의 금액.

- 다 음 -

1. 압류·가압류되지 않은 예금과 압류·가압류된 예금이 있는 때에는 다음 순서에 따라서 가압류한다.

   가. 선행 압류·가압류가 되지 않은 예금
   나. 선행 압류·가압류가 된 예금

2. 여러 종류의 예금이 있는 때에는 다음 순서에 의하여 가압류한다.

   1) 보통예금 2) 당좌예금 3) 정기예금 4) 정기적금
   5) 별단예금 6) 저축예금 7) MMF 8) MMDA
   9) 적립식펀드예금 10) 신탁예금 11) 채권형예금 12)청약예금

3. 같은 종류의 예금이 여러 계좌에 있는 때에는 계좌번호가 빠른 예금부터 가압류한다.

- 끝 -

가압류할 채권의 표시

7. 가압류할 채권의 표시

금 10,000,000원정

단, 채무자 ○○○(사업자등록번호 : ○○○-○○-○○○○)가 제3채무자7(취급점 : ○○지점)에 대하여 가지는 입금되어 있거나 장래 입금될 다음 예금채권중 다음에서 기재한 순서에 따라 위 청구금액에 이를 때까지의 금액.

- 다 음 -

1. 압류·가압류되지 않은 예금과 압류·가압류된 예금이 있는 때에는 다음 순서에 따라서 가압류한다.

   가. 선행 압류·가압류가 되지 않은 예금
   나. 선행 압류·가압류가 된 예금

2. 여러 종류의 예금이 있는 때에는 다음 순서에 의하여 가압류한다.

   1) 보통예금 2) 당좌예금 3) 정기예금 4) 정기적금
   5) 별단예금 6) 저축예금 7) MMF 8) MMDA
   9) 적립식펀드예금 10) 신탁예금 11) 채권형예금 12)청약예금

3. 같은 종류의 예금이 여러 계좌에 있는 때에는 계좌번호가 빠른 예금부터 가압류한다.

- 끝 -

채권가압류신청진술서

신청인은 채권가압류신청과 관련하여 다음 사실을 진술합니다. 다음의 진술과 관련하여 고의로 누락하거나 허위로 진술한 내용이 발견된 경우에는, 그로 인하여 보정명령 없이 신청이 기각되거나 가압류이의절차에서 불이익을 받을 것임을 잘 알고 있습니다.

○○○○ 년 ○○ 월 ○○ 일

위 채권자 : ○ ○ ○ (인)

※ 채무자가 여럿인 경우에는 각 채무자별로 따로 작성하여야 합니다.

- 다 음 -

1. 피보전권리(청구채권)와 관련하여

　　가. 채무자가 신청서에 기재한 청구채권을 인정하고 있습니까?

　　　　■ 예
　　　　□ 아니오 ➔ 채무자 주장의 요지 :
　　　　□ 기타 :

　　나. 채무자의 의사를 언제, 어떠한 방법으로 확인하였습니까?
　　　　(소명자료 첨부)

■ 거래명세서와 내용증명최고서를 첨부하였습니다.

다. 채권자가 신청서에 기재한 청구금액은 본안소송에서 승소할 수 있는 금액으로 적정하게 산출된 것입니까? (과도한 가처분으로 인해 채무자가 손해를 입으면 배상하여야 합니다.)

■ 예
□ 아니오

2. 보전의 필요성과 관련하여

가. 채권자가 채무자의 재산에 대하여 가압류하지 않으면 향후 강제집행이 불가능하거나 매우 곤란해질 사유의 내용은 무엇입니까?

채권자는 채무자를 상대로 하여 현재 귀원에 판매대금 청구의 소송을 준비 중에 있으나 본안소송은 상당한 시일을 요할 뿐만 아니라 채권자가 알아본 바에 의하면 채무자에게는 별다른 재산은 없는 상태이고 별지목록 기재 채권이 유일한 재산인데 이것마저도 채무자가 제3채무자들로부터 수령하여버릴 경우 훗날 채권자가 채무자를 상대로 한 본안소송에서 승소판결을 득한다 하더라도 직접 강제집행이 불능케 될 우려가 있어 보전의 필요성이 있습니다.

나. 채권자는 신청서에 기재한 청구채권과 관련하여 공정증서 또는 제소전화해조서가 있습니까?

■ 없습니다.

다. 채권자는 신청서에 기재한 청구채권과 관련하여 취득한 담보가 있습니까? 있다면 이 사건 가압류를 신청한 이유는 무엇입니까?

■ 없습니다.

라. [채무자가 (연대)보증인인 경우] 채권자는 주 채무자에 대하여 어떠한 보전조치를 취하였습니까?

마. [다수의 부동산에 대한 가압류신청인 경우] 각 부동산의 가액은 얼마입니까? (소명자료 첨부)

■ 없습니다.

바. [유체동산 또는 채권 가압류신청인 경우] 채무자에게는 가압류할 부동산이 있습니까?

□ 예
■ 아니오

사. ["예"로 대답한 경우] 가압류할 부동산이 있다면, 부동산이 아닌 유체동산 또는 채권 가압류신청을 하는 이유는 무엇입니까?

　　　　□ 이미 부동산상의 선순위 담보 등이 부동산가액을 초과함

　　　　　　➜ 부동산등기부등본 및 가액소명자료 첨부

　　　　□ 기타 사유 ➜ 내용 :

　아. [유체동산가압류 신청인 경우]

　　　① 가압류할 유체동산의 품목, 가액은?

　　　② 채무자의 다른 재산에 대하여 어떠한 보전조치를 취하였습니까? 그 결과는?

3. 본안소송과 관련하여

　가. 채권자는 신청서에 기재한 청구채권과 관련하여 채무자를 상대로 본안소송을 제기한 사실이 있습니까?

　　　□ 예
　　　■ 아니오

　나. ["예" 로 대답한 경우]

　　　① 본안소송을 제기한 법원 · 사건번호 · 사건명은?

　　　② 현재 진행상황 또는 소송결과는?

　다. ["아니오" 로 대답한 경우] 채권자는 본안소송을 제기할 예정입니까?

■ 예 ➜ 본안소송 제기 예정일 : ○○○○년 ○○ 월 ○○ 일

□ 아니오 ➜ 사유 :

4. 중복가압류와 관련하여

가. 채권자는 신청서에 기재한 청구채권(금액 불문)을 원인으로, 이 신청 외에 채무자를 상대로 하여 가압류를 신청한 사실이 있습니까? (과거 및 현재 포함)

□ 예

■ 아니오

나. ["예" 로 대답한 경우]

① 가압류를 신청한 법원 · 사건번호 · 사건명은?

② 현재 진행상황 또는 결과(취하/각하/인용/기각 등)는? (소명자료첨부)

다. [다른 가압류가 인용된 경우] 추가로 이 사건 가압류를 신청하는 이유는 무엇입니까? (소명자료 첨부)

채 권 가 압 류 신 청 서

채　권　자 :　　○　　　　　○　　　　　○

채　무　자 :　　○　　　　　○　　　　　○

제 3 채 무 자 :　주식회사　국민은행

청구금액 표시	금 50,000,000 원
첨부할 인지액	금　　　　10,000 원
첨부한 인지액	금　　　　10,000 원
납부한 송달료	금　　　40,500 원
비　　　　고	

인천지방법원 민사신청과 귀중

채권가압류신청서

1. 채권자

성 명	○ ○ ○	주민등록번호	생략
주 소	인천시 ○○구 ○○로 ○○길 ○○, ○○○-○○○호		
직 업	상업	사무실 주 소	생략
전 화	(휴대폰) 010 - 9988 - 0000		
기타사항	이 사건 채권자입니다.		

2. 채무자

성 명	○ ○ ○	주민등록번호	생략
주 소	대전시 ○○구 ○○로길 ○○, ○○○-○○○○호		
직 업	상업	사무실 주 소	생략
전 화	(휴대폰) 010 - 5590 - 0000		
기타사항	이 사건 채무자입니다.		

3. 제3채무자

성 명	(주) 국민은행	법인등록번호	110111-2365321
주 소	서울시 중구 남대문로 84,(을지로 2가)		
대 표 자	대표이사 허 인		
전 화	(대표전화) 1599 - 9999		
기타사항	이 사건 제3채무자입니다.		

4. 청구채권의 표시

금 50,000,000원정

단, 채권자가 채무자로부터 "인천광역시 ○○구 ○○안길 소
재 도로개설공사 중 포장공사를 하고, 그 대가로 지급받
을 공사대금 전액.

5. 가압류할 채권의 표시

별지 제1 목록 기재와 같습니다.

신청취지

1. 채무자가 제3채무자에 대하여 가지는 별지 제1목록 기재의 채
   권을 가압류한다.
2. 제3채무자는 채무자에게 위 채권에 관한 지급을 하여서는 아니
   된다.
3. 이 사건에 대한 담보제공은 공탁보증보험증권(보증보험주식회
   사 증권번호 제○○○○호)을 제출하는 방법으로 할 수 있도록
   허가하여 주시기 바랍니다.

라는 결정을 원합니다.

신청이유

1. 계약 및 공사대금채무의 불이행

채권자는 토공사, 철근콘크리트공사, 비계구조물해체공사 등을 업으로 하는 개인사업자이고, 채무자와 ○○○○. ○○. ○○. 인천광역시 ○○구 ○○대로 ○○, 소재 도로개설공사 중 포장공사를 진행하였고, 그 공사대금에 대하여 ○○○○. ○○. ○○. 금 50,000,000원을 세금계산서를 발행하여 청구하였으나, 현재까지 이행지체중이며, 채권자가 수차례 그 지급을 독촉하였으나, 이에 응하지 않고 있는 실정입니다.

2. 보전처분의 필요성

채권자는 채무자를 상대로 공사대금청구 소송을 준비 중에 있으며, 채무자 소유의 책임재산을 조사한 결과, 채무자가 제3채무자에 대하여 가지는 별지 목록 기재 채권만이 유일한 재산으로서 이를 가압류하지 않으면 후일 채권자가 본안의 소송에서 승소의 판결을 얻는다 하더라도, 그 집행이 불능되어 회복할 수 없는 손실을 입을 것이 분명하므로 그 집행보전을 위하여 이 사건 채권가압류신청에 이르렀습니다.

3. 관할

피보전권리는 금전채권이므로 채권자의 주소지를 관할하는 귀원에 본 신청을 하게 되었습니다.

소명자료 및 첨부서류

1. 소 갑제1호증   거래명세서
1. 소 갑제2호증   각서
1. 제3채무자에 대한 법인등기부등본
1. 가압류신청진술서

○○○○ 년 ○○ 월 ○○ 일

위 채권자 : ○ ○ ○   (인)

인천지방법원 민사신청과 귀중

[별 지 1]

가압류할 채권의 표시

금 50,000,000원정

　단, 채무자 ○○○(주민등록번호 : ○○○○○○-○○○○○
　　○)가 제3채무자(취급점 : 대전 ○○지점)에 대하여 가지
　　는 입금되어 있거나 장래 입금될 예금채권중 다음에서 기
　　재한 순서에 따라 위 청구금액에 이를 때까지의 금액.

- 다　음 -

1. 압류·가압류되지 않은 예금과 압류·가압류된 예금이 있는 때
　에는 다음 순서에 따라서 가압류한다.

　가. 선행 압류·가압류가 되지 않은 예금
　나. 선행 압류·가압류가 된 예금

2. 여러 종류의 예금이 있는 때에는 다음 순서에 의하여 가압류한다.

　1) 보통예금　2) 당좌예금　3) 정기예금　4) 정기적금
　5) 별단예금　6) 저축예금　7) MMF　8) MMDA
　9) 적립식펀드예금　10) 신탁예금　11) 채권형예금　12) 청약예금

3. 같은 종류의 예금이 여러 계좌에 있는 때에는 계좌번호가 빠른
　예금부터 가압류한다.

- 끝 -

채 권 가 압 류 신 청 진 술 서

신청인은 채권가압류신청과 관련하여 다음 사실을 진술합니다. 다음의 진술과 관련하여 고의로 누락하거나 허위로 진술한 내용이 발견된 경우에는, 그로 인하여 보정명령 없이 신청이 기각되거나 가압류이의절차에서 불이익을 받을 것임을 잘 알고 있습니다.

○○○○ 년 ○○ 월 ○○ 일

위 채권자 : ○ ○ ○ (인)

※ 채무자가 여럿인 경우에는 각 채무자별로 따로 작성하여야 합니다.

- 다 음 -

1. 피보전권리(청구채권)와 관련하여

가. 채무자가 신청서에 기재한 청구채권을 인정하고 있습니까?

■ 예

□ 아니오 ➔ 채무자 주장의 요지 :

□ 기타 :

나. 채무자의 의사를 언제, 어떠한 방법으로 확인하였습니까?
(소명자료 첨부)

■ 차용증 및 각서를 첨부하였습니다.

다. 채권자가 신청서에 기재한 청구금액은 본안소송에서 승소할 수 있는 금액으로 적정하게 산출된 것입니까? (과도한 가처분으로 인해 채무자가 손해를 입으면 배상하여야 합니다.)

■ 예
□ 아니오

2. 보전의 필요성과 관련하여

가. 채권자가 채무자의 재산에 대하여 가압류하지 않으면 향후 강제집행이 불가능하거나 매우 곤란해질 사유의 내용은 무엇입니까?

채권자는 채무자를 상대로 하여 현재 귀원에 공사대금청구의 소송을 준비 중에 있으나, 본안소송은 상당한 시일을 요할 뿐만 아니라 채권자가 알아본 바에 의하면 채무자에게는 별다른 재산은 없는 상태이고 별지 목록 기재 채권이 유일한 재산인데 이것마저도 채무자가 제3채무자로부터 수령하여버릴 경우 훗날 채권자가 채무자를 상대로 한 본안소송에서 승소판결을 득한다 하더라도 직접 강제집행이 불능케 될 우려가 있어 보전의 필요성이 있습니다.

나. 채권자는 신청서에 기재한 청구채권과 관련하여 공정증서 또는 제소전화해조서가 있습니까?

■ 없습니다.

다. 채권자는 신청서에 기재한 청구채권과 관련하여 취득한 담보가 있습니까? 있다면 이 사건 가압류를 신청한 이유는 무엇입니까?

■ 없습니다.

라. [채무자가 (연대)보증인인 경우] 채권자는 주 채무자에 대하여 어떠한 보전조치를 취하였습니까?

마. [다수의 부동산에 대한 가압류신청인 경우] 각 부동산의 가액은 얼마입니까? (소명자료 첨부)

■ 없습니다.

바. [유체동산 또는 채권 가압류신청인 경우] 채무자에게는 가압류할 부동산이 있습니까?

□ 예
■ 아니오

사. ["예"로 대답한 경우] 가압류할 부동산이 있다면, 부동산이 아닌 유체동산 또는 채권 가압류신청을 하는 이유는 무엇입니까?

□ 이미 부동산상의 선순위 담보 등이 부동산가액을 초과함
　➔ 부동산등기부등본 및 가액소명자료 첨부

□ 기타 사유 ➔ 내용 :

아. [유체동산가압류 신청인 경우]

① 가압류할 유체동산의 품목, 가액은?

② 채무자의 다른 재산에 대하여 어떠한 보전조치를 취하였습니까? 그 결과는?

3. 본안소송과 관련하여

가. 채권자는 신청서에 기재한 청구채권과 관련하여 채무자를 상대로 본안소송을 제기한 사실이 있습니까?

□ 예

■ 아니오

나. ["예" 로 대답한 경우]

① 본안소송을 제기한 법원 · 사건번호 · 사건명은?

② 현재 진행상황 또는 소송결과는?

다. ["아니오" 로 대답한 경우] 채권자는 본안소송을 제기할 예정입니까?

■ 예 ➔ 본안소송 제기 예정일 : ○○○○년 ○○ 월 ○○ 일

☐ 아니오 ➔ 사유 :

4. 중복가압류와 관련하여

가. 채권자는 신청서에 기재한 청구채권(금액 불문)을 원인으로, 이 신청 외에 채무자를 상대로 하여 가압류를 신청한 사실이 있습니까? (과거 및 현재 포함)

☐ 예

■ 아니오

나. ["예" 로 대답한 경우]

① 가압류를 신청한 법원 · 사건번호 · 사건명은?

② 현재 진행상황 또는 결과(취하/각하/인용/기각 등)는? (소명자료첨부)

다. [다른 가압류가 인용된 경우] 추가로 이 사건 가압류를 신청하는 이유는 무엇입니까? (소명자료 첨부)

제2장
정식재판청구서

제1절 /

정식재판청구 절차 -

약식명령이 발하여진 경우, 그 재판에 불복이 있는 자가 법정기간 내에 통상의 공판절차에 의한 심판을 청구하는 소송행위를 가리켜 '정식재판청구' 라고 합니다.

검사가 고소사건이나 고발사건 또는 진정사건을 수리하여 수사한 결과 법원에 기소하는 경우 1) 피의자를 구속하여 정식재판청구를 하는 구속 구공판을 할 수 있고, 2) 피의자를 불구속하여 정식재판청구를 하는 불구속 구공판을 할 수 있고, 3) 피의자를 불구속하여 약식재판청구를 하는 불구속 구약식을 할 수 있습니다.

여기서 약식명령은 약식절차에 의하여 재산형을 과하는 특별한 형식의 재판을 말하는데 검사가 피의자를 불구속하여 약식재판청구를 하는 불구속 구약식입니다.

이러한 약식절차는 공판절차를 거치지 아니하고 원칙적으로 검사가 법원에 제출한 서면심리만으로 피고인에게 벌금이나 과료를 과하는 간이 한 형사절차를 말합니다.

법원에서 발한 약식명령에 불복이 있는 자는 약식명령을 송달받은 날부터 일주일(7일) 내에 정식재판을 청구할 수 있습니다.

정식재판을 청구할 수 있는 사람은 피고인 또는 검사입니다.

제2절 /

약식명령에 대하여,

　　약식명령은 경미한 사안에 대하여 벌금이나 과료 등의 형을 과함으로써 단기자유형의 폐단을 방지할 수 있고, 뿐만 아니라 번잡한 공판절차를 거침으로서 파생되는 절차와 시일을 절약할 수 있는 제도를 '약식명령' 이라고 합니다.

　　공개재판에 따르는 피고인의 사회적·심리적 부담을 덜어주고 공판정의 출석을 위한 불필요한 시간과 노력을 피할 수 있다는 점에서 피고인의 이익을 보호하기 위한 제도라고 할 수 있습니다.

　　검사가 법원에 약식명령을 청구할 수 있는 사건은 지방법원의 관할에 속하는 사건으로서 벌금이나 과료에 처할 수 있는 사건입니다.

　　벌금이나 과료에 처할 사건인 이상 지방법원의 관할에 속하는 사건이면 단독판사의 관할사건이건 합의부의 관할사건이건 불문하고 약식명령을 할 수 있습니다.

　　이러한 약식명령의 청구는 검사가 공소제기와 동시에 서면으로 하여야 합니다.(형사소송법 제449조 참조)

이를 약식명령 공소장이라고 하는 것입니다.

실무상으로는 공소장에 약식명령 청구의 뜻을 부기되고 검사의 구형까지 기재된 특수한 서면을 이용하고 있습니다.

제3절 /

약식명령의 발령에 대하여 -

약식명령으로 과할 수 있는 형은 벌금·과료·몰수에 한정되고(형사소송법 제448조 제1항 참조) 관할위반·공소기각·면소·무죄의 재판을 하는 것은 허용되지 않습니다.

약식명령에는 범죄사실, 적용법령, 주형, 부수처분과 약식명령의 고지를 받은 날로부터 7일 이내에 정식재판의 청구를 할 수 있음을 명시하고 범죄 사실은 별지로 첨부하게 되어 있습니다.

법원에서는 검사로부터 약식명령의 청구가 있은 날로부터 14일 이내에 약식명령을 하여야 합니다.

약식명령의 고지는 검사와 피고인에게 약식명령등본의 송달을 하여야 합니다.

약식절차에 의하여 발령하는 약식명령은 검사가 제출한 자료를 기초로 서면심리에 의하여 형을 선고하는 재판절차이므로 헌법에서 보장하고 있는 공정한 재판과 피고인의 신속한 공개재판을 받을 권리를 침해하는 것이 아닌가가 문제될 수 있으나 피고인에게 정식재판청구권이 인정하는 정식재판으로의 이행이 인정되고 있는 이상 합헌이라는 것에 대하여 이론이 없습니다.

특히 피고인은 정식재판청구를 포기할 수 없도록 하여 이를 뒷받침하고 있습니다.(형사소송법 제453조 제1항 단서 참조)

제4절 /

약식절차의 심리 -

　　약식절차에서는 서면심리를 원칙으로 하므로 피고인신문·증인신문·검증·감정 같은 증거조사 또는 압수·수색과 같은 강제처분은 원칙적으로 허용되지 않습니다.

　　피고인의 증거제출권도 인정되지 않습니다.

　　다만, 약식명령을 함에 필요하고 조사에 시일을 요하지 아니하며 약식절차의 본질을 해하지 않는 범위 내에서 적당한 방법에 의하여 수사기록에 첨부된 서류의 진위와 내용을 확인하는 등의 간단한 사실조사를 하는 것은 허용되고 있습니다.

　　약식절차에서도 형사소송법의 총칙 규정 및 재판 절차에 관한 일반적인 규정들은 그 성질에 반하지 않는 한 준용되나 공판절차를 전제로 하는 규정들 즉, 증거능력에 관한 규정이나 공소장 변경에 관한 규정은 적용되지 않습니다.

제5절 /

정식재판청구 -

정식재판의 청구권자는 검사와 피고인입니다.

정식재판청구는 법원으로부터 약식명령의 고지를 받은 날로부터 7일 이내에 약식명령을 한 법원에 서면으로 하여야 합니다.(형사소송법 제453조 참조)

정식재판청구기간이 경과하면 정식재판청구권이 소멸하나, 일정한 사유가 있는 경우에는 정식재판청구권의 회복이 인정되며 이 경우에는 상소권의 회복에 관한 규정이 준용됩니다.

정식재판청구에는 약식명령에 불복한다는 뜻만 기재하면 족하고, 불복의 이유는 따로 기재할 필요는 없습니다.

그러나 사안에 따라 법원에서 의견서를 제출해 달라는 통지를 받은 피고인은 의견서를 통하여 벌금감액이 이루어져야 하는 이유와 공소사실에 대하여 무엇이 잘못됐다는 것인지의 구체적인 이유를 작성해 내야합니다.

정식재판청구는 공소불가분의 원칙에 반하지 않는 한 약식명령의 일부에 대하여도 할 수 있습니다.

정식재판의 청구가 있는 때에는 법원은 지체 없이 검사 또는 피고인에게 그 사유를 통지하여야 합니다.(형사소송법 제453조 제3항 참조)

가, 정식재판청구기각

정식재판청구가 법령상의 방식에 위반하거나 청구권의 소멸 후인 것이 명백한 때에는 결정으로 기각합니다.

이 각하결정은 약식명령을 발한 판사가 할 수도 있으며, 정식재판을 담당하는 공판재판부가 할 수도 있고 이 결정은 청구인 및 통지를 받은 상대방에게만 고지합니다.

나, 정식재판의 개시

정식재판청구가 적법한 때에는 공판절차에 의하여 심판합니다.

정식재판을 청구한 피고인이 정식재판절차의 공판기일에 출석하지 아니하여 다시 기일을 정하는데 피고인이 적법한 공판기일 소환장을 받고도 정당한 사유 없이 다시 그 정한 기일에 출석하지 아니한 때에는 피고인의 출석 없이 재판을 할 수 있습니다.

또한 피고인만이 정식재판청구를 한 사건에서 판결을 선고

하는 경우에는 그 지정한 선고기일에 피고인이 출석하지 않더라도 판결을 선고할 수 있습니다.

다. 심판의 대상

정식재판의 청구에 대한 심판의 대상은 공소사실이며, 약식명령의 당부를 판단하는 것은 아닙니다.

약식명령에 구속되지 않고 사실인정, 법령적용과 양형에 관하여 법원은 자유롭게 판단합니다.

약식명령의 공소장에 기재된 공소사실에 한해서 현실적 심판의 대상이 됩니다.

그 공소사실과 동일성이 인정되는 범위 내의 사실 전부가 잠재적 심판의 대상으로 됩니다.

공소사실의 동일성이 인정되는 범위 내에서는 공소장의 변경이 허용됩니다.

라. 불이익변경금지원칙

피고인이 정식재판을 청구한 사건에 대하여는 약식명령의 형보다 중한 형을 선고하지 못합니다.(형사소송법 제457조의2 참조)

정식재판에서는 상소의 경우와 같이 불이익변경금지의 원칙이 적용됩니다.

이는 피고인의 정식재판청구권을 실질적으로 보장하고 정당한 권리의 행사는 불이익을 수반하여서는 아니 된다는 점 등을 고려하여 형사소송법에 신설한 규정입니다.

마, 공소취소 등

정식재판청구에 의한 공판절차에서 공소의 취소를 불허하는 규정이 없으며 공소의 취소를 허용하지 아니할 실질적 이유도 없으므로 정식재판청구로 인한 공판절차에서도 공소취소가 허용됩니다.

이 경우에는 공소기각 결정이 확정된 때에 약식명령이 실효됩니다.

정식재판의 청구에 의해서 약식명령이 당연히 실효되지는 아니하고, 정식재판의 청구에 의한 판결이 확정된 때에 그 효력을 잃습니다.

검사의 공소취소에 의하여 공소기각 결정이 확정된 때에도 같습니다.

바, 양형의 편차 해소

　　피고인의 정식재판청구 사유 중 실무적으로 많은 비중을 차지하고 있는 것은 벌금액수에 관한 이의는 형평성에 관한 것입니다.

　　형평성에 관한 이의는 폭력사건과 같은 범죄의 경우 상피고인과 균형이 맞지 않는다는 것으로 어느 정도 사안의 실체와 관련이 되어 있으나 양형의 편차의 문제를 제기하고 있습니다.

　　약식명령에 대한 불복률이 증가하는 결과로 귀결될 수 있으므로 양형의 편차를 줄여나가는 조치가 필요합니다.

　　하물며 약식명령상의 벌금액수가 검사의 예고통지에 기재된 벌금액보다 많은 것은 실무상으로 정식재판청구의 원인이 되고 있습니다.

제6절 정식재판청구서 실전 사례

【정식재판청구서1】 상해죄로 벌금 500만원의 약식명령을 받고 전혀 상해를 입힌 사실이 없
으며 도의적인 책임이 있다고 하더라도 벌금의 액수가 너무 많아 감액
을 호소하는 사례

정식재판청구서서

사 건 번 호 : ○○○○고약○○○○호 　 상해

피 　 고 　 인 : ○ 　 　 ○ 　 　 ○

전주지방법원 약식계 귀중

정식재판청구서

1. 피고인

성 명	○ ○ ○	주민등록번호	생략
주 소	전라북도 전주시 완산구 ○○로 ○○길 ○○○.		
직 업	회사원	사무실 주 소	생략
전 화	(휴대폰) 010 - 9987 - 0000		
사건번호	전주지방법원 ○○○○고약○○○○호 상해 피고인		

2. 청구취지

피고인을 벌금 500만원에 처한다는 약식명령을 ○○○○. ○○. ○○. 송달받았으나, 피고인은 이 약식명령에 대하여 불복이므로 정식재판을 청구합니다.

3. 청구이유

(1) 공소사실

피고인은 ○○○○. ○○. ○○. ○○:○○경 전라북도 전주시 ○○구 ○○길 ○○○-○○에 있는 ○○○주점에서 피해자 ○○○(여, ○○세)등과 함께 술을 마시며 피해자와 말다툼을 하던 중 피해자에게 "야 씨발년아 왜 갈려고 하느냐" 라고 욕설을 하고, 피해자의 머리채를 손으로 잡아 바닥에 넘어뜨려 피해자의 이마를 바닥에 부딪히게 하고, 발로 피해자의 다리부분을 수차례 걷어차 피해자에게 약 ○주간의 치료를 요하는 두피의 표재성손상등을 가하였다는데 있습니다.

(2) 사실관계

공소사실에서는 피고인이 이 사건 ○○○주점에서 피해자 ○○○(여, ○○세)등과 함께 술을 마시며 피해자와 말다툼을 하던 중 피해자에게 "야 씨발년아 왜 갈려고 하느냐"라고 욕설을 하고, 피해자의 머리채를 손으로 잡아 바닥에 넘어뜨려 피해자의 이마를 바닥에 부딪히게 하고, 발로 피해자의 다리부분을 수차례 걷어차 피해자에게 약 ○주간의 치료를 요하는 두피의 표재성손상등을 가한 것으로 주장하고 있습니다.

피고인이 이유여하를 마론하고 상대가 여자 뷴인데 이런 일까지 빚어진데 대하여 진심으로 사과의 말씀을 드리겠습니다.

그러나 공소사실에서와 같이 피해자는 안타깝게도 사건 당시의 정황에 대하여 사실과 전혀 다르게 부풀려서 마치 피고인이 의도적으로 폭력을 행사하는 불량한 사람으로 몰아붙여 흉악범으로 비춰진데 대하여 이를 바로 잡아야겠다는 생각으로 정식재판을 청구하게 된 첫 번째 이유입니다.

피고인은 ○○○으로 일하면서 알게 된 분이지만 피고인의 손님께서는 이혼 후 결혼을 전제로 만난 여자 두 분과 같이 있다며 자신은 말주변이 없고 혼자 있는 것이 어색하다며 동석을 제의하여 거절하지 못하고 동석하여 이 사건의 발단이 되어버렸습니다.

피고인이 동석하고 그 자리에서 재혼까지 생각하고 있는 그 손님의 여자 분께서는 처음 보는 피고인도 아랑곳 하지 않고 처음 보는 사람이지만 피고인이 봤을 때 그 태도가 불순해 보였고 피고인의 짐작으로는 그 손님의 돈을 노리고 의도적으로 접근한 여자 분으로 보였습니다.

그런데 그 손님 분께서는 피고인에게 말하기를 재혼을 생각하고 있었다는 말에 피고인으로서는 어찌되었건 모두 좋게만 보려고 했습니다.

그 무렵 피해자는 갑자기 이성을 잃는가하면 술병을 아무런 이유도 없이 피고인을 향하여 집어던지고 행패를 부리는 바람에 피고인으로서는 동석을 원하시던 손님의 입장도 생각해서 참을 수밖에 없었습니다.

피해자는 욕설까지 피고인을 향하여 퍼붓고 피고인에게 또

술병을 집어던지려 하여 피고인이 피하려는 과정에서 피해자가 스스로 바닥에 넘어지면서 이마를 부딪쳤던 것으로 알고 있습니다.

피고인에게 시비도 피해자가 먼저 붙었고 술병을 피고인에게 집어던진 것도 피해자였고 피해자가 행패를 부리다 스스로 넘어져 상처가 난 것에 대한 앙심을 품고 피고인이 피해자의 다리부분을 수차례 걷어찼다고 피고인에게 뒤집어씌우는 피해자의 주장은 전혀 사실과 다르기 때문에 이를 바로 잡고 싶습니다.

피고인은 단연코 피해자를 폭행하지 않았습니다.

피해자가 피고인을 향하여 술병을 집어던지는 과정해서도 상처가 날 정도의 신체 접촉도 없었는데 피해자가 스스로 바닥에 넘어지면서 다친 것으로 분명히 하고 싶습니다.

따라서 피해자가 주장하는 상처에 대하여 면밀히 검토하시어 진위여부 를 분명히 밝혀주셨으면 합니다.

(3) 정상관계

수사단계에서도 당연히 피고인이 해병대출신이라 피해자를 발로 걷어찼을 것으로 인정하고 피해자의 말만 믿고 수사한데 대하여 너무나도 억울하기 때문에 정식재판을 청구하게 된 두 번째 이유입니다.

피고인이 ○○○를 전역한 것이 여러 모로 보나 피해자를 폭행한 것으로 지목한 것으로 밖에 볼 수 없습니다.

그러나 우리 ○○○출신은 툭하면 싸움이나 하고 사람을 때리는 그런 사람은 절대 아닙니다.

피고인은 아무런 전과도 없고 지금까지 한 가정의 가장으로써 정말 착하게 살아왔다고 자부할 수 있습니다.

피고인이 결백하다는 증거는 피고인의 손님이신 분이 재혼을 앞두고 있는 여자 분을 만나는 자리에 동석을 초대받은 피고인이 무슨 이유로 무엇 때문에 피해자를 발로 걸어차고 폭행을 행사할 이유가 없다는 것입니다.

피해자가 스스로 실수하고 행패를 부리다가 넘어진 것입니다.

수사기관에서 피고인이 ○○○출신이라는 점 때문에 으레 피해자를 발로 걸어찼을 것이라는 단정 하에 있지도 않은 피고인을 폭행 범으로 몰아간 것에 대하여 정말 억울합니다.

(4) 합의과정

피고인은 진술한 바와 같이 합의해야할 입장을 정리하지 않았습니다.

피고인으로서는 피고인이 피해자를 때리거나 발로 걸어차 바닥에 넘어져 상처가 난 것이라면 응당 그에 대한 사죄와 치료비를 지급하고 합의하여야 마땅하나 피고인이 원인을 제공하지도 않았으며 피해지 스스로 바닥에 넘어져 다친 것이 아닌 이상 합의를 하여야할 이유가 없습니다.

술좌석에 동석하여 함께 있었던 일행으로서의 피고인에게 도의적인 책임은 있을지 모르나 피고인이 피해자에게 합의를 하고 손해배상을 해야 하는 책임은 없다고 생각하고 있습니다.

향후 피고인이 배상해야할 책임이 있는 것으로 인정된다면 언제든지 피해자의 손해를 배상하겠다는 생각에는 변함이 없습니다.

(5) 가정형편

피고인은 처와 자(○○○), 자(○○○), 장모(○○○)과 처의 직장소유인 ○○평평 아파트에 전세 ○억 ○,○○○만 원에 거주하고 있으며 이 아파트는 ○○년이 지난 아파트로서 어린아이들과 처와 피고인이 한방을 사용하고 장모님께서는 작은방을 각 사용하고 있습니다.

피고인이 직장에서 매월 벌어오는 수입은 약 ○○○여만 원에 불과하고 처가 계약직으로 일하고 매월 지급받는 수입이 약 150여만 원으로 한 달에 총 수입 약 ○○○여만 원으로 피고인의 온 가족이 생활하고 있습니다.

피고인이나 처의 명의로 된 매월 갚아야 하는 부채로 장기 대출금 약 ○,○○○여만 원이 넘고 매월 월세를 비롯해 매월 지출하는 금액만 해도 무려 ○○○여만 원에 달하고 아이들의 유아원비용도 제대로 낼 수 없는 형편으로 정말 어려운 생활을 하고 있습니다.

(6) 벌금감액

이유야 어찌되었건 피고인에게도 도의적인 책임이 있다고 하더라도 피고인의 가정형편을 고려한다면 벌금 500만 원의 처벌은 도저히 감당할 수 없는 너무나도 가혹하다 아니할 수 없어 정식재판을 청구하게 된 세 번째 이유입니다.

(7) 결론

피고인은 이유를 막론하고 진지한 반성을 하고 있습니다.

피고인에게는 형사처벌을 받은 사실이 전혀 없습니다.

가중요소는 또한 없습니다.

피고인에게 상해죄가 성립한다고 가정하더라도 피고인의 손님의 동석을 제의받아 어울린 자리에서 갑자기 이성을 잃은 피해자가 먼저 술병을 집어던지는 등 행패를 부리는 과정에서 일어난 것이므로 그 상해의 정도가 현저히 약하다 할 것이고, 현재까지의 재판실무상 이 사건과 유사한 수위의 동종 사안에서 볼 때 피고인에게 500만원의 벌금형은 너무나 가혹하여 감액해 주실 것을 간곡히 호소합니다.

또한 피고인은 비록 피해자와 합의는 하지 않았지만 범죄경력이 전혀 없는 피고인이 부양해야 하는 어린 유아원생인 아이들과 처와 거동이 불편하신 장모님이 있다는 점, 이 사건으로 피고인이 사회생활을 영위함에 있어 상당히 무거운 족쇄로 작용할 것이 자명한바, 피고인의 생활형편을 고려하시어 벌금감액을 허락하여 주실 것을 아울러 간곡히 호소합니다.

4. 소명자료 및 첨부서류

(1) 약식명령서   1통

○○○○ 년 ○○ 월 ○○ 일

위 피고인 : ○ ○ ○   (인)

전주지방법원 약식계 귀중

정식재판청구서

사 건 번 호 : ○○○○고약○○○○호 정보통신망법(명예훼손) 모욕

피 고 인 : ○   ○   ○

천안지원 약식계 귀중

정식재판청구서

1. 피고인

성 명	○ ○ ○	주민등록번호	생략
주 소	충청남도 천안시 ○○로 ○○길 ○○○, ○○○호		
직 업	회사원	사무실 주 소	생략
전 화	(휴대폰) 010 - 1234 - 0000		
사건번호	대전지방검찰청 천안지청 ○○○○형 제○○ ○○호 정보통신망법(명예훼손), 모욕		

2. 청구취지

피고인을 벌금 700만원에 처한다는 약식명령을 ○○○○. ○○. ○○. 송달받았으나, 피고인은 이 약식명령에 대하여 불복이므로 정식재판을 청구합니다.

3. 청구이유

(1) 공소사실

피의자는 ○○○○. ○○.부터 ○○○○. ○○.초까지 전자기술개발 관련 고소인 측 주식회사 ○○○에서 업무상 계약 관계에 있던 사람이다.

가, 정보통신망 이용촉진 및 정보보호 등에 관한 법률위반
(명예훼손)

피고인은 ○○○○. ○○. ○○. ○○○에 고소인 측
주식회사 ○○○를 비방할 목적으로 '○○○대폭락' 이
라는 제목으로 '이넘들아 니들이 프리를 개돼지 취급하
니 여기에 올라오는거여 제대로 처신하면 이름이 거론
되것냐 쓸데없이 누가 비방하나 여기 기웃거리지 말고
하던거나 계속해라 하청놈들한테 보상금 100억을 더받
아도 정신적 피해는 복구가 안 된다. 미친새끼들 이거
나 처먹어라. 여기 하청 게놈들은 사람이 아니다 ○○
의 ○○배로 독한놈들이다. 보상금도 소송걸고 협박해
서 경우 몇푼 받아낸건데 니들이 그냥 줄 리가 없지 인
사처리를 그때위로 하니까 프리랜서한테 소송달고 몽
둥이 찜질 당하지 개사기꾼들, 아무튼 말로만 하는놈들
은 믿으면 안되...(이하 생략) 라고 작성하는 등 별지
범죄일람표와 같이 ○개의 사이트에 공공연하게 거짓의
사실을 개시하여 고소인의 명예를 훼손하고,

나, 모욕

위 글에서 피고인은 고소인 측을 지칭하며 '개쓰레기
같은 하청, 미친 ㄴ새끼들, 하청 게놈들, 개자슥들, 이
게놈들아, 개착취, 이사이코들아, 쓰레기, 지랄하다'

등 별지 범죄일람표와 같이 공연히 고소인을 모욕하였다는데 있습니다.

(2) 사실관계

피고인은 전자기술 개발로 일정기간 계약직으로 근로하던 중 계약기간이 ○년이 남아있는 상태에서 원인도 없는 부당해고를 당하였고 이에 강력히 항의하고 손해배상금으로 금 ○,○○○만 원을 요구하게 되었습니다.

고소인 측과 합의하는 과정에서 피고인에게 손해배상금으로 ○,○○○만 원을 지급하되 피고인의 근로소득세에 대해서는 고소인 측이 납부하는 조건으로 합의를 하였습니다.

피고인이 ○년 뒤 확인해보니 고소인이 피고인에게 합의금을 적게 주기 위한 하나의 거짓말이라는 사실을 알게 된 시점에서 프로젝트가 끝나 오픈한다는 내용을 보고 해당 프로젝트에 대한 한 동안 작업자로서의 입장을 인터넷에 피력하였던 것은 사실이지만 살인적인 야근을 한다는 것이나 혹독한 야간작업 등으로 죽은 사람 있을지도 모른다는 등 당시에 근무환경에 대한 표현을 한 것뿐인데 허위사실 적시에 의한 비방의 글로 비춰진데 대하여 피고인은 정말 가슴이 아픕니다.

피고인이 적시한 사실은 객관적으로 볼 때 공공의 이익에 관한 것으로서 피고인도 주관적으로 공공의 이익을 위하여 혹독한 근무여건 속에서 주당 ○○시간 이상 극한 노동에 시달리고 있을 근로자들의 이익에 관한 것으로서 나아가 프로젝트를 개발하는 계약직 근로자의 관심과 이익에 관한 사실을 적시한 것입니다.

피고인이 적시한 내용에 다소 모욕적인 표현이 들어있을 뿐 모두 사실로서 진실한 것으로서 공표가 이루어진 상대방의 범위를 살펴보더라도 극히 제한적이고 표현의 방법 또한 프로젝트 개발자들을 목표로 하는 등 그 표현 자체에 관한 제반 사정은 실제 있었던 사실입니다.

피고인이 글을 올리게 된 동기는 고소인은 근로계약에 의하여 실제 지급받아야 할 금액은 ○,○○○만 원에 달하는데 피고인에게 거짓말로 속이는 바람에 그 반도 되지 않는 ○,○○○만 원으로 합의한 사실을 뒤늦게 알고 고소인이 프로젝트를 오픈한다는 말을 듣고 피고인으로서는 다른 근로자들이 피고인과 같은 입장에서 임금 등과 관련하여 피해보는 일은 없어야겠다는 생각으로 글을 올린 것입니다.

존경하는 재판장님께서도 이 사건에 대한 수사기록을 살펴보시면 아시겠지만 피고인은 고소인에 대한 성명이나 명칭을 명시한바 없었으므로 주위사정을 종합 판단하더라도 그것이 고소인을 지목하는 것인가를 알아차릴 수 없는 상태여서 고소인에 대한 명예훼손죄는 피고인은 법에 문외한이지만 구성하지 않는다고 생각하고 있습니다.

적시된 사실에 대한 허위성을 판단하시면 피고인이 적시된 사실을 통하여 전달하고자 하는 실질적인 내용의 진위를 기준으로 삼아야 하기 때문에 피고인은 오로지 '하청업자' 하청업체를 지목하였으므로 고소인을 지목하지 않았고 일반인들이라면 하청업자가 누구인지 특정되지 않았습니다.

오로지 피고인은 하청업자들에 대한 근로요건과 그에 대한 실태를 근로자들에게 알려야겠다는 공공익의 목적을 가지고 있었기 때문에 피고인 스스로 명예훼손 적 표현의 위험을 자초한 것이 아니고 열악한 근로환경개선에 초점을 맞춰진 동기 등 제반사정을 고려하여 판단하면 피고인의 주요한 동기 내지 목적은 공공의 이익을 위한 것으로서 수적으로 다른 사익적 목적이나 동기가 내포되어 있더라도 비방할 목적이 있다고 볼 수 없습니다.

더군다나 피고인은 고소인에게 합의금으로 ○,○○○만 원을 청구하였다가 반액에도 미치지 못하는 ○,○○○만 원을 교부받고 합의한 사실이 있었으므로 고소인을 상대로 사익을 추구할 악의는 처음부터 존재하지 않으므로 비방목적이 없습니다.

(3) 수사과정

피고인은 수사단계에서도 전술한 바와 같이 수도 없는 주장을 밝혔으나 아랑곳하지 않고 피고인의 주장을 모두 인정하지 않았습니다.

피고인으로서는 전자기술 개발업무에 종사하는 근로자들에 대한 열악한 근로환경에 관한 문제를 개선되어야 한다는 생각으로 진실만을 적시한 것인데 고소인의 말에만 의존한 채 진실을 허위사실로 몰아붙이고 수사한데 대하여 너무나도 억울하기 때문에 정식재판을 청구하게 된 이유 중에 하나입니다.

수사기관에서는 피고인이 허위사실 적시에 의한 명예훼손죄로 단정 짓고 있지도 않은 허위사실을 적시하였다고 몰아간 것에 대하여 정말 억울합니다.

허위사실 적시에 의한 명예훼손죄가 적용하기 위하여 적시된 허위의 사실인지 여부를 판단함에 있어서는 적시된 사실의 내용 전체의 취지를 살펴볼 때 중요한 부분이 객관적 사실과 합치되는 경우에는 세부에 있어서 진실과 약간 차이가 나거나 다소 과장된 표현이 있다 하더라도 이를 허위의 사실이라고 볼 수는 없다.(대법원 2000. 2. 20. 선고 99도4757 판결 참조)

위 판례에서와 같이 피고인은 제3자인 근로자들의 입장을 고려하여 열악한 근로환경개선을 꾸짖는 것에 불과한 내용들입니다.

(4) 공공의 이익 관련

피고인이 게재한 사실의 적시는 오로지 공공의 이익에 관한 것입니다.

피고인은 고소인에 대한 프로젝트 개발업무에 종사하는 근로자 다수인의 이익에 관한 사항을 알려야겠다는 목적이 있었습니다.

피고인은 앞서 진실한 사실을 다른 근로자들의 이익을 위하여 적시한다는 동기와 목적이 있었습니다.

공연히 사실을 적시하여 고소인의 명예를 훼손하는 행위가 진실한 사실로서 오로지 전자기술 개발업무에 종사는 근로자들의 이익에 관한 것이므로 위법성이 반드시 조각되어야 합니다.

(5) 벌금감액

이유야 어찌되었건 명예훼손죄를 떠나 피고인이 고소인을

지칭하지 않은 상태에서 욕설을 한 것은 책임이 있다고 하더라도 피고인의 가정형편을 고려한다면 벌금 700만 원의 처벌은 도저히 감당할 수 없는 너무나도 가혹하다 아니할 수 없어 정식재판을 청구하게 된 두 번째 이유입니다.

피고인은 초범으로 범죄전력이 전혀 없으므로 명예훼손죄가 무죄가 될 수 없다고 하더라도 벌금 700만 원은 피고인의 형편으로는 상상할 수 없는 너무나 큰돈입니다.

피고인에게 명예훼손죄에 대하여 무죄가 받아들여지지 않는다고 하더라도 벌금이 너무 가혹하리만치 많습니다.

피고인의 가정형편을 참작하시어 벌금은 대폭 감액해 주시면 감사하겠습니다.

피고인은 정말 어렵게 생활하고 있습니다.

(6) 결론

피고인은 이유를 막론하고 진지한 반성을 하고 있습니다.
피고인에게는 형사처벌 전력이 전혀 없습니다.

가중요소는 또한 없습니다.
피고인에게 모욕죄가 성립한다고 가정하더라도 피고인으로

서는 피고인과 같은 피해자가 없었으면 좋겠다는 생각으로 피고인에게 있었던 사실을 적시하였던 것이고 이는 오로지 다른 근로자들에게 알려주려는 공익적 목적에 의한 것이므로 그 명예훼손 적 정도가 현저히 약하다 할 것이고, 현재까지의 재판실무상 이 사건과 유사한 수위의 동종 사안에서 볼 때 피고인에게 700만원의 벌금형은 너무나 가혹하여 감액해 주실 것을 간곡히 호소합니다.

부디 피고인에게는 피고인이 부양해야 하는 가족과 이 사건으로 피고인이 사회생활을 영위함에 있어 상당히 무거운 족쇄로 작용할 것이 자명한바, 피고인의 생활형편을 고려하시어 벌금감액을 허락하여 주시고 아울러 명예훼손죄 부분에 대해서는 재판장님께서 깊이 통찰하시어 무죄를 선고해 주셨으면 고맙겠습니다.

4. 소명자료 및 첨부서류

(1) 약식명령서   1통

○○○○ 년 ○○ 월 ○○ 일

위 피고인 : ○   ○   ○   (인)

천안지원 형사 제○단독 귀중

정 식 재 판 청 구 서

사 건 번 호 : ○○○○고약○○○○호 산업안전보건법위반

피 고 인1 : ○   ○   ○

피 고 인2 : ○ ○ ○ ○ 주식회사

광주지방법원 약식계 귀중

정식재판청구서

1. 피고인1

성 명	○ ○ ○	주민등록번호	생략
주 소	광주광역시 ○○구 ○○로 ○○길 ○○○, ○○○호		
직 업	회사원	사무실 주 소	생략
전 화	(휴대폰) 010 - 6789 - 0000		
사건번호	광주지방법원 ○○○○고약○○○○호 산업 안전보건법위반		

피고인2

성 명	○ ○ ○	법인등록번호	생략
주 소	광주광역시 ○○구 ○○로 ○길 ○○○,		
대 표 자	대표이사 ○○○		
전 화	(휴대폰) 010 - 3344 - 0000		
사건번호	광주지방법원 ○○○○고약○○○○호 산업 안전보건법위반		

3. 청구취지

피고인들에게 각 벌금 400만원에 처한다는 약식명령을 ○○○
○. ○○. ○○.송달받았으나, 피고인들은 이 약식명령에 대하
여 벌금액수가 너무 많고 일부공소사실에 대한 불복이 있어 정
식재판을 청구합니다.

4. 청구이유

피고인들에 대한 광주지방고용노동청 근로감독관 ○○○작성의 시정명령서에 의하면

① 지하3층 슬라브 단부와 벽체 간 개구부에 추락방지 조치를 하시기 바랍니다.(산업안전보건 기준에 관한 규칙 제43조 제1항)

② 지상1층에서 설치사용 중인 아크용접기의 금속제 외함에 접지를 하시기 바랍니다.(산업안전보건 기준에 관한 규칙 제302조 제1항)

③ 지하수위계(W3) 가´ 14.12.19. 손망실되어 계측이 불가능한 상황이므로 보강조치(계측기 재설치 또는 재설치 필요여부에 대한 판단 검토)를 하시기 바랍니다.(산업안전보건 기준에 관한 규칙 제347조 제2항)

상당부분 전혀 피고인들과 상관이 없는 것이 포함되어 있으며 피고인들이 진술한 내용과도 상당한 차이가 있으므로 공소사실을 부인합니다.

(2) 광주지방고용노동청의 시정명령은 지나칠 정도로 단속에만

의존한 것이지만 피고인들로서는 재해가 전혀 발생하지 않았고 즉시 시정명령에 따라 시정조치를 완료한 피고인들에게 산업안전보건법을 위반하였다는 이유만으로 약식기소한 것은 위법 부당합니다.

(3) 시정명령 ① 항은 근로자들이 전혀 출입하지 않을 뿐만 아니라 폭이 좁아 사용하지도 못하는 개구부에까지 추락방지를 하라는 시정명령에 쫓아 피고인들은 바로 추락방지를 설치하였습니다.

시정명령 ② 항의 사용 중인 아트용접기의 금속제 외함에 접지를 하라는 부분도 아무런 위험요소가 없는 것이지만 피고인들은 모두 시정초치를 완료하였습니다.

(4) 피고인들로서는 시정명령 ①, ②항을 위반하였다고 하더라도 이제 막 공사를 시작한 현장으로서 재해도 없었고 바로 시정조치를 완료한 피고인들에게 이렇게 가혹한 처벌을 한다는 것은 불복이 있으므로 명확한 사실관계를 밝혀 주실 것을 기대합니다.

(5) 앞으로는 절대 이러한 일이 생기지 않도록 각별히 주의하고 현장에서 일하는 근로자들에게 재해가 생기지 않도록 만전을 기할 것을 존경하는 재판장님께 다짐하오니 피고인들에게 과다하게 부과된 벌금은 너무나 가혹하고 금액이 많으

므로 대폭 감액해 주실 것을 호소하고자 정식재판청구에 이르렀습니다.

4.소명자료 및 첨부서류

(1) 약식명령서   1통
(2) 피고인1에 대한 인감증명서   1통
(3) 피고인2에 대한 법인등기부등본   1통

○○○○ 년 ○○ 월 ○○ 일

위 피고인1 : ○   ○   ○   (인)

위 피고인2 : ○   ○   ○   (인)

광주지방법원 약식계 귀중

【정식재판청구서4】 명예훼손죄로 벌금 300만원의 약식명령을 받고 인터넷상에서 게재된 글에 대하여 바로 집기 위해 올린 글일 뿐 비방할 목적이 없었다는 정식재판청구 사례

정식재판청구서

사 건 번 호 : ○○○○고약○○○○호 명예훼손죄

피 고 인 : ○   ○   ○

대구지방법원 약식계 귀중

정식재판청구서

1. 피고인

성 명	○ ○ ○	주민등록번호	생략
주 소	대구광역시 ○○구 ○○로 ○○길 ○○○.		
직 업	회사원	사무실 주 소	생략
전 화	(휴대폰) 010 - 2999 - 0000		
사건번호	대구지방법원 ○○○○고약○○○○호 명예훼손죄		

2. 청구취지

피고인을 벌금 300만원에 처한다는 약식명령을 ○○○○. ○
○. ○○. 송달받았으나, 피고인은 이 약식명령에 대하여 벌
금액수가 너무 많아 불복이므로 정식재판을 청구합니다.

3. 청구이유

(1) 공소사실

피고인은 ○○○○. ○○. ○○. ○○:○○경 인터넷포털
사이트 상에 ○○○게시판에 접속하여 대화를 하는 도중,
느닷없이 "피해자에게 이년아 저년아 씹 팔년이 하는 욕설
을 회면캡처와 같이 올려 피해자는 정중하게 사과를 요구

하고 삭제를 요구하였으나, 피고인은 이에 아랑곳하지 않고 오히려 그 수위를 더 높이는 욕설을 계속해서 올려 피해자의 명예를 치명적으로 훼손하였다는데 있습니다.

(2) 사실관계

공소사실에 기재된 내용은 피고인이 게시판에 올린 것이 아닙니다.

피고인이 올린 내용인 것처럼 나열되어 있으나, 실제 피고인이 올린 것이 아닙니다.

피고인이 비방할 목적으로 ○○게시판에 글을 올린 것처럼 적시되어 있으나 그 내용은 사실이 아닙니다.

피고인은 피해자를 알지도 못하고 무슨 원한과 이득이 없는데 글을 올릴 이유도 없습니다.

단지 피고인이 ○○게시판에 올라온 글을 우연히 보고 오인한 글에 대하여 의견을 바로잡고자 글을 올렸던 것이지 결코 피해자의 명예를 훼손하기 위해 올린 것은 절대 아닙니다.

(3) 이러한 피고인에게 피해자를 비방할 목적으로 허위사

실을 적시하여 명예를 훼손하였다는 이유로 벌금 300만원으로 약식명령을 한 것은 너무나도 억울합니다.

(4) 앞으로는 절대 이러한 일이 생기지 않도록 각별히 주의하고 피해자께 사죄의 말씀을 드리며 단지 잘못된 역사의식을 바로 알리기 위해 의견을 올린 글이 피해자의 명예를 훼손하였다는 주장에 대해서는 불복이 있으므로 명확한 사실관계를 밝혀주실 것을 기대하며 정식재판을 청구하기에 이른 것입니다.

4. 소명자료 및 첨부서류

(1) 약식명령서   1통

○○○○ 년 ○○ 월 ○○ 일

위 피고인 : ○   ○   ○   (인)

대구지방법원 약식계 귀중

정 식 재 판 청 구 서

사 건 번 호 : ○○○○고약○○○○호 상해

피 고 인 : ○   ○   ○

부산지방법원 서부지원 약식계 귀중

정식재판청구서

1. 피고인

성 명	○ ○ ○	주민등록번호	생략
주 소	부산시 ○○구 ○○로 ○○길 ○○○. ○○○호		
직 업	상업	사무실 주 소	생략
전 화	(휴대폰) 010 - 3348 - 0000		
사건번호	부산지방법원 서부지원 ○○○○○고약○○○○호 상해 피고인		

2. 청구취지

위 피고인에 대한 폭력행위등처벌에관한법률위반(상해) 피고
사건에 관하여 벌금 300만원에 처한다는 약식명령등본을 ○○
○○. ○○. ○○. 송달받은 바 있으나 피고인은 이 명령에
전부 불복하므로 정식재판을 청구합니다.

3. 청구이유

(1) 서론

위 사건에 관하여 피고인이 청구 외 ○○○(이하 이 사건의
"피해자"이라 줄여 쓰겠습니다)에게 폭행을 가하여 상해
를 입혔다고 하여 벌금 300만원에 처한다고 하는 약식명령

등본이 피고인에게 송달되었으나 피고인은 벌금에 액수가 지나치게 많을 뿐만 아니라 공소사실에 불복이 있습니다.

오히려 피고인이 피해자이고 피해자가 피고인을 폭행한 가해자입니다.

피해자의 진술과 주장은 모두 거짓말입니다.

(2) 이 사건의 실체

피고인은 업무와 관련하여 부산 강서에 갔었는데 업무를 마친 후 저녁식사 겸 막걸리를 시켜먹고 어느 정도 취기가 오른 상태에서 ○○○○. ○○. ○○. ○○:○○경 부산광역시 ○○구 ○○로 ○○에 있는 ○○은행 입구에서 피해자에게 피고인이 아무런 이유 없이 시비를 걸었다고 기재되어 있으나, 실제 어깨를 살짝 스친 것에 불과하였던 것이었고, 오히려 피해자가 피고인에게 참아 입에 담을 수조차 민방하리만치 욕설을 퍼부었습니다.

피고인은 법을 잘 모르고 이러한 일이 처음이고 또한 수사기관에서 조사를 받는 것도 경험이 없어서 아직도 이해가 가지 않는 대목이 많습니다만 피고인이 피해자의 몸에 올라타 10여대를 때린 것이 사실이라면 아무리 피해자라 할 지라도 1주간의 치료를 요하는 진단만 나오지 않았을 텐데 피해자는 ○○경찰서 조사 시에 전치 1주간의 진단서만 당랑 제출된 상황에서 거꾸로 폭력을 행사하였다는 피고인의 피해는 이 보다 훨씬 큰 상해를 입었다면 모두 피해자가 둘러대는 거짓말만 의존한 채 피고인에게 혐의를 둔 수사기관에서 무엇인가 분명 큰 잘못을 범한 것이므로 피고인이 정식재판을 청구하게 된 불복이유 중 하나입니다.

(3) 피고인에게 오히려 피해가 더 큽니다.

피고인은 이 사건 폭력으로 인하여 오히려 피해자가 피고인을 밀치고 가슴을 때리는 바람에 땅바닥으로 넘어지는 등 폭력을 당하고 전치 3주간의 치료를 요하는 상해를 입고 병원에서 입원치료를 받는 등 그 치료비만 해도 무려 300만 원가량 지출되었으며, 이에 대한 증거자료는 ○○경찰서에 이미 제출한 상해부위 사진만 면밀히 살펴보더라도 충분히 입증이 되고 그 피해정도가 밝혀지고도 남고 그 증거가 충분합니다.

그러나 수사를 담당하던 경찰관이나 그 이외의 수사관들은 피고인이 제출한 진단서나 상해피해에 대하여 입증하려는 자료마저 외면하고 편파수사를 자행하여 여기까지 온 것에 대해 정말 억울한 심정인데 설상가상으로 오히려 이 사건에서 피해자인 피고인에게 부과한 약식명령에 대한 벌금은

300만원에 처한다는 것은 피고인이 상해를 입은 피해자라는 입장에서 보면 이는 너무나 가혹할 수밖에 없다는 것이 정식재판을 청구하게 된 불복이유 중 하나입니다.

(4) 결어

존경하는 우리 재판장님!

피고인이 말다툼을 하고 시비를 붙고 몸싸움을 한 것은 사실이지만 그렇다고 해서 피고인이 잘 했다는 것은 아닙니다.

시비한 부분에 대해서는 입이 열 개가 있더라도 할 말이 없습니다.

피고인을 걱정하시는 부모님을 생각하면 하늘이 무너져 내릴 것 같습니다.

죄송한 마음으로 앞으로는 절대 이런 일이 생기지 않게 하겠다고 피고인은 다짐도 하고 맹세했습니다.

피고인은 처음이자 마지막으로 당해보는 일이라 담당 경찰관이 별것 아니라는 말에 잠시 흔들리기는 하였으나 피고인에 대한 억울한 부분을 모두 배척하고 편파수사를 자행한 경찰관에게 혐의사실을 완강히 부인하고 억울한 누명을 벗겨달라고 하였는데 이상하게 꼬여 오히려 피고인이 가해자로 둔갑되어 억울하고 분해서 밤새도록 한잠도 못자고 뜬눈으로 보내고 있고 직장에도 언제 어떻게 될 지 장담할 수 없는 상황에 처한 피고인에게 엄청나게 큰돈을 벌금으로 내라는 것은 부당합니다.

피고인이 시비하고 말다툼을 했다고 해서 엄청난 벌금을 내야할 만치 잘 못하지 않았다는 것을 헤아려 주셨으면 고맙겠습니다.

다시 한 번 호소합니다.

피고인에게 무죄를 선고해 주셨으면 합니다.

무죄가 허용되지 않는다면 피고인의 가정형편을 고려하시어 피고인이 납부해야 할 벌금을 대폭 감액해 주시면 앞만 보고 열심히 살겠습니다.

재판장님께서 판단하시고 결정하시는 결과에 따라 피고인은 생계와 운명이 달려있습니다.

다 시 한번 선처를 호소합니다.
꼭 부탁드립니다.

소명자료 및 첨부서류

(1) 피고인에 대한 진단서   1통

○○○○ 년 ○○ 월 ○○ 일

위 피고인 : ○   ○   ○   (인)

부산지방법원 서부지원 약식계 귀중

정 식 재 판 청 구 서

사 건 번 호 : ○○○○고약○○○○호 도로교통법위반
(음주운전)

피 고 인 : ○   ○   ○

춘 천 지 방 법 원 약 식 계 귀 중

정식재판청구서

1. 피고인

성 명	○ ○ ○	주민등록번호	생략
주 소	강원도 춘천시 ○○로 ○○길 ○○. ○○○호		
직 업	사업	사무실 주 소	생략
전 화	(휴대폰) 010 - 9912 - 0000		
사건번호	춘천지방법원 ○○○○고약○○○○호 음주운전		

2. 청구취지

피고인을 벌금 500만원에 처한다는 약식명령을 ○○○○. ○○. ○○. 송달받았으나 피고인은 이 약식명령에 대하여 벌금 액수가 너무 많아 불복이므로 정식재판을 청구합니다.

3. 청구이유

(1) 먼저 피고인은 술을 먹고 운전을 하여서는 아니 되는 음주운전을 하여 진심으로 잘못을 깊이 뉘우치고 반성하고 있습니다.

(2) 이유여하를 막론하고 피고인의 음주운전행위는 국법 질서의 확립을 위하여 당연히 처벌되어야 합니다.

그러나 다음과 같은 사유들을 재고하여 한번만 더 선처해 주시기 바랍니다.

(3) 음주운전을 한 잘못에 대해 정말 할 말이 없습니다.

피고인은 ○○○○. ○○.경 부득이한 사정으로 이혼한 이래 사회복지사로 일을 하다던 중, 허리를 크게 다치는 바람에 오도 가도 못할 신세가 되었지만 막상 갈 곳이 마땅찮아 혼자 지인의 집 문간방에서 무상으로 거주하고 있는 실정입니다.

피고인이 음주운전으로 단속되는 날에도 허리가 몹시 아프지만 사회복지사로서 불편하신 어르신을 돕고 돌아오는 과정에서 그 어르신께서 권하는 와인을 극구 거절할 수 없었던 상황에서 2잔정도 마셨습니다.

피고인으로서는 앞서 음주운전에 대한 전력도 있었고 허리도 불편하여 사회복지사로서의 일을 잠정적으로 중단해야 했던 상황을 고려하여 가급적이면 음주운전만큼은 피하려는 생각으로 와인을 마신 장소 주변에서 장시간을 보낸 후 피고인의 생각으로 이정도의 시간이 흘렀기 때문에 별문제가 없겠다는 착오로 운전을 한 것이 또 적발되고 말았습니다.

(4) 피고인으로서는 생활도 생활이지만 사회복지사로 수많은 도

움의 손길을 원하시는 불편하신 분을 보살펴드려야 할 어르신이 저에게 상당히 많이 계시기 때문에 허리가 아파도 거동이 불편하신 분들을 위해서는 운전이 필수인 피고인에게 또 이번과 같은 일이 생기고 보니 가슴까지 찢어지는 것 같습니다.

이혼이라는 가슴 아픈 사연을 채 잊기도 전에 허리를 다쳤고 전 남편과의 문제로 발생된 부채를 여자인 피고인이 고스란히 떠 앉는 바람에 피고인의 수입으로는 눈덩이처럼 불어나는 은행부채를 감당할 수 없어서 전세보증금 마저 빼서 은행돈을 갚고 가방하나만 달랑 들고 나와 지금은 지인의 집 문간방에서 무상으로 거주하는 대신에 허드렛일을 돕고 생활하는 처지에서 음주운전으로 적발되고 말았지만 아무리 허리가 아파도 찾으시는 어르신이 계시면 하든일도 제쳐두고 차를 몰고 달려가야 하는 사회복지사인데 이제는 그나마도 운전을 할 수 없게 되었다는 생각만 하면 가슴이 찢어질 것만 같습니다.

(5) 그래서 저는 부끄러운 일이지만 앞전에도 음주운전으로 적발된 전력이 있습니다.

그것도 여자가, 사회복지사인 제가 말입니다.

한 번도 아닌 두 번씩이나 음주운전으로 적발되었지만 그

래도 사회복지사로써 이혼이라는 아픈 상처를 딛고 거동이 불편하신 분들과 저의 도움을 바라는 분들을 위하여 보람과 긍지를 가지고 열심히 살았다고 자부할 수 있습니다.

(6) 이렇게 사는 피고인에게 자동차는 현재 유일한 생활필수품이 되어 있는 상황이고, 피고인은 사회복지사로서 정상적 활동을 위해서는 자동차운행이 불가피한 실정입니다.

음주운전행위는 우리나라의 생활문화가 서구의 자동차 문화로 전환되는 과정에서 오는 적응 미숙이라는 부분도 상당부분 포함되어 있다고 생각하지만 이를 사회악으로만 보고 피고인의 형편으로 상상조차 할 수 없는 엄청난 금액의 벌금으로 몰아붙이고 많은 벌금을 부과하는 것은 지나친 힘의 사용이라고 생각이 듭니다.

피고인이 잘했다는 것은 절대 아닙니다.

피고인과 같이 음주운전의 범법행위에 대한 엄벌도 필요하지만 얼마 전에 기사에서 보았지만 현재 우리나라는 가구당 부채가 1억 원을 훨씬 넘는다고 들었습니다.

이러한 실정에서, 과중한 벌금을 부과한다는 것은 피고인과 같은 경제능력이 전혀 없는 피고인에게는 유전무죄 무전유죄라는 허탈감마저 들게 할 뿐 아니라 이는 법의 존엄

성과 정당성마저 손상할 수도 있다는 생각마저 듭니다.

(7) 피고인의 음주운전행위는 처벌받아 마땅하나 남의 집 문간 방에서 허드렛일을 돕고 무상으로 거주하는 피고인으로서는 어쩔 수 없이 어르신께서 권하는 와인을 마신 후에도 음주 운전만큼은 피하려고 장시간을 보낸 후 이정도의 시간이 지 났기 때문에 음주와는 아무런 상관이 없겠다는 착오를 일으 켜 운전한 피고인에게는 도저히 감당할 수 없고 상상할 수 도 없는 많은 벌금을 내야한다는 것은 정말 가혹합니다.

먹고살기조차 힘든 피고인에게 이렇게 많은 벌금을 내라는 것은 죽으라는 것과 다르지 않아 이제는 허탈감마저 듭니다.

(8) 이러한 피고인의 사정을 조금만 헤아려 주시고 피고인이 내 야하는 벌금을 피고의 형편을 고려하시어 감액해 주시면 다시는 음주운전하지 않겠습니다.

이번 한번만 더 기회를 주시면 열심히 사회복지사로서 봉 사하며 살겠습니다.

부디 피고인에게 선처를 호소합니다.

4. 소명자료 및 첨부서류

(1) 약식명령서   1통

○○○○ 년 ○○ 월 ○○ 일

위 피고인 : ○   ○   ○   (인)

춘천지방법원 약식계 귀중

정식재판청구서

사 건 번 호 : ○○○○고약○○○○호 정보통신망법
(명예훼손) 모욕

피 고 인 : ○   ○   ○

대구지방법원 안동지원 약식계 귀중

정식재판청구서

1. 피고인

성 명	○ ○ ○		주민등록번호	생략
주 소	경상북도 안동시 ○○로 ○○길 ○○○, ○○○호			
직 업	회사원	사무실 주 소	생략	
전 화	(휴대폰) 010 - 6678 - 0000			
사건번호	대구지방법원 안동지원 ○○○○고약○○○ ○호 업무방해			

2. 청구취지

피고인을 벌금 200만원에 처한다는 약식명령을 ○○○○. ○ ○. ○○. 송달받았으나, 피고인은 이 약식명령에 대하여 공소사실에 대한 불복이므로 정식재판을 청구합니다.

3. 청구이유

(1) 공소사실의 요지

피고인은 ○○○○. ○○. ○○. 20:20경부터 같은 날 24:05 까지 사이에 경상북도 안동시 ○○로 ○○, ○○빌딩 2층 피해자가 운영하는 아름다운호프 집에서 그곳 여종업원 ○○○

(여, ○○세)를 피고인이 옆자리에 동석시켜달라고 요구하였으나 피해자가 이를 들어주지 않는다는 이유로 호프집 테이블에 앉아서 큰소리로 떠들며 재떨이를 바닥에 던지는 등 소란을 피워 당해 호프집에 들어오려던 손님들이 들어오지 못하게 함으로써 위력으로써 피해자의 일반음식점영업업무를 방해하였다는데 있습니다.

(2) 사건의 실체

가, 피해자의 불친절

피해자는 위 공소사실에 기재된 일시에 피고인이 옆자리에 여종업원을 동석시켜주지 않는다고 앙심을 품고 재떨이를 바닥에 집어던져 소란을 피운 것으로 주장하고 있으나 이는 사실과 전혀 다른 억지주장입니다.

피고인이 재떨이를 집어던진 사실도 없습니다.

탁자가 흔들리며 테이블에 있던 재떨이가 바닥으로 떨어진 것뿐입니다.

피고인이 여자종업원을 동석시켜주지 않자 앙심을 품고 재떨이를 집어던졌다는 것도 거짓말입니다.

이미 여자종업원은 피고인의 자리에 동석하여 같이 술

을 마시고 있었기 때문에 모두가 거짓말입니다.

다만, 안주를 시켰는데 장시간이 지나도록 안주를 가져 오지 아니하여 약간의 언쟁은 있었으나 재떨이를 집어 던지거나 손님들이 호프집으로 들어오지 못하게 피고인 은 난동을 부리지도 않았습니다.

나, 이 또한 안주를 늦게까지 가져오지 않아서 피해자의 불 친절에서 비롯된 것인데 모두 피해자가 앙심을 품고 피 고인에게 죄를 뒤집어씌운 것입니다.

(3) 수사과정

가, 피고인은 수사기관에서도 피해자의 주장은 모두 조작 된 것이라고 진술하였으나 피고인의 주장은 아랑곳하 지 않고 피해자의 주장만 의존 한 채 여기까지 온 것 이야 말로 이 사건 야식명령은 부당하기 때문에 정식 재판을 청구하게 된 불복이유 중 하나입니다.

나, 피해자의 주장만으로 피고인에게 혐의를 둔 수사기관 에서 무엇인가 분명 큰 잘못을 범한 것이므로 피고인 이 정식재판을 청구하게 된 불복이유 중 하나입니다.

(4) 결론

피고인으로서는 여기까지 오고 재판을 받는다는 것 자체가 너무나도 억울하고 분합니다.

피고인은 잘못한 것이 없습니다.

잘못한 것이 있다면 안주가 늦게까지 가져오지 아니하여 항의한 것뿐입니다.

이러한 항의도 손님으로서 당연히 할 수 있는 수준에 불과하였고 손님들이 들어오지 못하게 난동을 부린 사실은 더 더구나 없었습니다.

아무런 잘못도 한 일이 없는 피고인에게 꼭 무죄를 선고해 억울한 누명을 벗겨주시기 바랍니다.

4. 소명자료 및 첨부서류

(1) 약식명령서   1통

○○○○ 년 ○○ 월 ○○ 일

위 피고인 : ○   ○   ○   (인)

대구지방법원 안동지원 약식계 귀중

정식재판청구서

사 건 번 호 : ○○○○고약○○○○호 사고후 미조치

피 고 인 : ○   ○   ○

창원지방법원 진주지원 약식계 귀중

정식재판청구서

1. 피고인

성 명	○ ○ ○		주민등록번호	생략
주 소	경상남도 진주시 ○○로 ○○길 ○○○, ○○○호			
직 업	회사원	사무실 주 소	생략	
전 화	(휴대폰) 010 - 1234 - 0000			
사건번호	진주지원 ○○○○고약○○○○호 사고후 미조치			

2. 청구취지

피고인을 벌금 500만원에 처한다는 약식명령을 ○○○○. ○ ○. ○○. 송달받았으나, 피고인은 이 약식명령에 대하여 벌금액수가 너무 많고, 공소사실 일부 인정할 수 없다는 이유로 불복하여 정식재판을 청구합니다.

3. 청구이유

(1) 사고발생

피고인은 ○○○○. ○○. ○○. ○○:○○경 ○○로○○○○호 ○○○승용차를 운전하여 대구경부고속도로 내륙지선 하행선 현풍기점 41키로 지점 부근을 편도1차로에서 2

차로로 차로 변경을 하게 되었다.

이러한 경우 자동차운전업무에 종사하는 자로서는 차간거리 지시등을 작동하여 그 진로변경을 예고함은 물론 전후좌우 를 살피고 차선을 변경하여야 할 업무상주의의무가 있었다.

그럼에도 불구하고 피고인은 이를 게을리 한 채 차간거리를 유지하지 않고 차로를 변경한 과실로 때마침 같은 방향 2차 로를 진행하던 피해자 운전의 ○○구○○○○호 ○○승용차 가 피고인의 차를 피하기 위해 그 앞차의 범퍼부분으로 도 로 우측 철재 가드레일을 충격케 하여 결국 피고인은 위와 같은 업무상 과실로 피해자 김승학에게 약 6주간의 치료를 요하는 우측 무지 신전 건 파열 상을 입게 함과 동시에 약 ○○○만원 상당의 수리비가 들도록 위 피해자차량을 손괴 하고도 곧 정차하여 피해자를 구호하는 등 필요한 조치를 취하지 아니하고 그대로 도주하였다는데 있습니다.

(2) 피고인은 사고사실을 전혀 알지 못했습니다.

피고인은 이 사건 사고가 발생한 사실도 전혀 몰랐고 조수 석에 앉아간 언니가 뒤에 따라오던 차량이 사고가 난 것 같다고 해서 차량을 피고인이 당장 세우려고 했지만 고속 도로인데다 오고가는 차량들이 너무나 많아서 도저히 정차 할 수가 없어서 옆에 있는 언니에게 동부화재로 연락하게 하고 차량을 정차할 장소를 찾지 못해 인근에 있는 휴게소까지 이동한 것입니다.

피고인이 도주할 생각이 있었다면 피고인이 가입한 동부화재에 언니에게 전화하고 어느 지점에서 사고신고가 적부되어 있으면 해결해 달라고 신고할 이유도 없을 텐데 수사기관에서는 무조건 하고 피고인이 도주한 것으로 사고수습미 조치로만 몰아붙이고 있어서 억울합니다.

(2) 차량을 세울 수가 없었습니다.

하지만, 피고인은 오고가는 차량들이 너무나 많아서 차량을 급히 정차할 수 있는 상황이 아니었기 때문에 하는 수 없이 차량을 정차할 장소를 찾으면서 이동할 수밖에 없었습니다.

정말 정차할 공간이 있었다 하더라도 피고인의 운전은 서툴렀기 때문에 정차할 수 없었습니다.

(3) 보험회사에 사고적부

이 사건 사고에 대하여 피고인의 잘못이지만, 알았다고 하더라도 당장 정차할 장소가 없었기 때문에 피고인은 차량을 정차할 장소를 물색하면서도 피고인의 언니로 하여금 보험회사로 어느 지점에서 일어난 사고에 대하여 사고적부가 있으면 연락하여 조치를 취해달라고 사고적부를 하였던 것입니다.

(4) 피행하다 일어난 사고라 피고인이 모를 수 있었습니다.

한편 피고인의 차량이 피해자의 차량과 추돌사고가 있었다면 알 수 있었을 텐데 뒤 따라오던 피해자의 차량이 피고인이 2차선으로 차선변경을 하자 이를 피하려다 가드레인을 충격하는 사고로서 운전이 서툴렀던 피고인으로서는 모를 수 있습니다.

(5) 처분의 부당

이와 같은 상황에서 수사기관에서는 피고인을 도주차량으로 인정하였고, 사고를 수습하지 않았다며 도로교통법위반으로 각 약식기소 처분한 것은 부당합니다.

피고인은 운전이 서툴렀기 때문에 뒤따라오던 피해자의 사고 또한 몰랐던 것인데 동승한 언니가 뒤따라오던 차량이 사고났다고 하는 바람에 그때서야 피고인은 아 차선변경 때문일 수도 있다는 생각을 하게 되어 바로 차량을 정차하려고 했으나 고속도로여서 오고가는 차량들이 많아 도저히 차량을 세울 수가 없어서 이동하면서 언니에게 동부화재에 사고적부를 하라고 하였고 언니가 신고를 하였고, 피고인은 오도 갈 수도 없는 상황에서 휴게소까지 가서 차량을 정차한 것입니다.

이러한 피고인의 사정을 감안한다면, 피고인에게 처한 벌금 500만원은 너무나 무겁고 가혹한 처분입니다,

피고인은 이번의 사고로 인하여 아예 운전을 하지 않을 생각으로 많은 것을 뉘우치고 반성하고 있습니다,

(6) 결어

피고인은 운전은 서툴지만 단 한번 도 교통사고를 낸 사실도 없고 도저히 차량을 정차할 수 없었고 언니를 통해서 알게되어 바로 언니를 통하여 동부화재에 사고신고적부를 하고 차량을 정차할 수 없어서 휴게소까지 간 것인데 피고인을 도주차량으로 몰아 부치고 사고수습을 하지 않았다는 이유로 피고인의 변소자체를 들어 주지도 않고 일방적으로 벌금 500만원으로 약식기소 한 처분은 사고경위와 피고인의 당시 상황 등을 참작한다면 너무 무겁고 가혹하여 피고인의 가정형편을 고려하여 감액해 주셨으면 하는 마음이 간절하여 정식재판청구에 이른 것입니다,

피고인은 정말 어렵게 살고 있습니다.

다니던 직장도 퇴직하였지만 현재에 이르기까지 직장을 구하지 못하고 별지 첨부한 고용보험수급자격증명서와 같이 실업급여를 받고 간신히 생계를 유지하고 있는 피고인에게

는 벌금 500만원이 너무나 큰돈입니다.

피고인이 벌금을 낼 수 있는 입장이나 형편이 그리 넉넉하지 못해 이러지도 저러지도 못하는 애틋한 사정을 두루 살펴주시고 피고인이 낼 수 있는 형편만큼의 벌금으로 감액해 주셨으면 정말 고맙겠습니다.

4.소명자료 및 첨부서류
(1) 고용보험수급자격증   1통

○○○○ 년 ○○ 월 ○○ 일

위 피고인 : ○   ○   ○   (인)

창원지방법원 진주지원 약식계 귀중

정 식 재 판 청 구 서

사 건 번 호 : ○○○○고약○○○○호 음주운전

피 고 인 : ○   ○   ○

대전지방법원 천안지원 약식계 귀중

정식재판청구서

1. 피고인

성 명	○ ○ ○	주민등록번호	생략
주 소	충청남도 천안시 ○○로 ○○길 ○○○, ○○○호		
직 업	회사원	사무실 주 소	생략
전 화	(휴대폰) 010 - 1234 - 0000		
사건번호	대전지방법원 천안지원 ○○○○고약○○○ ○호 도로교통법위반(음주운전)		

2. 청구취지

피고인을 벌금 500만원에 처한다는 약식명령을 ○○○○. ○○. ○○. 송달받았으나, 피고인은 이 약식명령에 대하여 벌금액수가 너무 많아 불복이므로 정식재판을 청구합니다.

3. 청구이유

(1) 피고인은 ○○○○. ○○. ○○. ○○:○○경 피고인이 생산하는 건어물을 거래처로 판매하기 위하여 거래처 사장님을 만나 의논을 하면서 맥주를 나누어 마신 것이 운전할 수 있는 정도가 아니고 피고인의 집까지 상당한 거리 때문에 대리운전을 부르기가 어중간해서 거래처 사장님과 헤어

진 후 술이 깨기를 기다리면서 4시간 정도 다방과 당구장에서 시간을 보내고 귀가해도 되겠다는 생각이 들어 운전하고 약 200미터 가량 운전하던 중 경찰관의 단속에 의하여 적발되어 운전면허가 취소되었습니다.

(2) 피고인은 음주운전을 피하려고 상당한 시간동안 휴식을 취하는 등 음주운전을 하지 않으려고 노력을 하였다는 점과 지금까지 ○○년이 넘도록 운전을 하였으나 단 한 번도 음주운전을 하였다거나 교통법규를 위반한 사실이 없고 비교적 안전운전을 한 피고인에게 한번 실수를 하였다는 이유로 이렇게 가중한 처분을 한다는 것은 부당한 것으로 생각하고 가정형편이 매우 어려워 벌금을 감액받기 위해 정식재판청구에 이른 것입니다.

(3) 피고인은 이 정도면 운전해도 되겠다는 생각으로 운전을 하였던 것이나 해서는 아니 되는 음주운전을 한 잘못에 대해서는 입이 열 개가 있어도 할 말이 없기 때문에 지금 이 시간에도 뼈저리게 뉘우치고 깊이 반성하고 있습니다.

(4) 피고인은 시골에 계시는 연로하신 노부모님을 모시고 있는 가장입니다. 해산물인 건어물을 취급하여 얻어지는 수입으로 가족을 부양하고 있지만 사회경기가 침체되어 장사가 잘 되지 않아 가정형편이 정말 어렵습니다.

(5) 말로 다 표현할 수는 없습니다만, 피고인의 온 가족은 재판
장님께서 결정하시는 재판 결과에 따라 생사가 달려있습니
다. 이렇게 어려운 피고인의 가정형편을 조금만 헤아려 주
시고 부디 이번 처분에 대해 벌금을 감액해 주시면 우리 가
족은 재판장님의 은혜 평생 잊지 않고 열심히 살겠습니다.

4.소명자료 및 첨부서류

(1) 약식명령서   1통
(2) 가족관계증명서   1통
(3) 부채증명서   1부
(4) 피고인에 대한 인감증명서   1통

○○○○ 년 ○○ 월 ○○ 일

위 피고인 : ○   ○   ○   (인)

대전지방법원 천안지원 약식계 귀중

정 식 재 판 청 구 서

사 건 번 호 : ○○○○고약○○○○호 정보통신망법 명예훼손죄

피 고 인 : ○   ○   ○

부산지방법원 서부지원 약식계 귀중

정 식 재 판 청 구 서

1. 피 고 인

성 명	○ ○ ○	주민등록번호	생략
주 소	부산광역시 ○○구 ○○로 ○○길 ○○○.		
직 업	회사원	사무실 주 소	생략
전 화	(휴대폰) 010 - 2345 - 0000		
사건번호	부산지방법원 서부지원 ○○○○○고약○○○○ 호 정보통신망 이용촉진 및 정보보호 등에 관 한 법률위반(명예훼손죄)		

2. 청 구 취 지

피고인을 벌금 300만원에 처한다는 약식명령을 ○○○○. ○
○. ○○. 송달받았으나, 피고인은 이 약식명령에 대하여 벌
금액수가 너무 많아 불복이므로 정식재판을 청구합니다.

3. 청 구 이 유

(1) 범죄사실의 요지

누구든지 정보통신망을 통하여 공포심이나 불안감을 유발
하는 부호 문언 음향 화상 또는 영상을 반복적으로 상대방
에게 도달하게 하여서는 아니 된다.

그럼에도 불구하고 피고인은 ○○○○. ○○. ○○. 13:45 경 불상의 장소에서 피고인의 휴대전화기로 피해자의 휴대전화기에 '~이'라는 내용의 문자메시지를 전송하여 피해자에게 도달하게 한 것을 비롯하여 위 일시 경부터 ○○○○. ○○. ○○.까지 사이에 별지 범죄일람표 기재와 같이 총 ○○회에 걸쳐 피해자에게 위와 같은 방법으로 문자메시지를 전송하여 정보통신망을 통하여 공포심이나 불안감을 유발하는 문언을 반복적으로 도달하게 하였다.

(2) 피고인의 범죄는 피해자에 의하여 유발된 범죄

　　가, 피해자가 보낸 문자메시지

　　　　피해자가 보낸 문자메시지를 파일로 첨부하였으니 참고하시기 바랍니다,

　　나, ○○○○. ○○. ○○. 피해자에 의한 폭행

　　다, 이 사건 문자메시지 발송 당시상황

(3) 공포심이나 불안감을 유발하지 않았습니다,

　　가, 피고인이 피해자에게 ○○회에 걸쳐 별지 범죄일람표 기재와 같이 문자메시지를 보낸 행위가 정보통신망 이

용촉진 및 정보보호 등에 관한 법률 제65조 제1항 제3
호에 해당한다고 하려면 피고인이 보낸 위 문자메시지
가 피해자로 하여금 공포심이나 불안감을 유발하게 하
는 글이라고 인정할 수 있어야 합니다.

나, 위 법조항의 '공포심'은 두려워하거나 무서워하는 마
음을 가리키는 것이고, '불안감을 유발하는 글'이란
문자로 보내진 통신의 내용이 상대방의 개인적 사정까
지 고려하여 객관적으로 상대방에게 걱정·근심이나
약간의 공포심에는 이르지 않는 정도의 두려움을 직접
적으로 야기할 정도에 이르는 것을 가리킨다고 이해하
여야 할 것입니다.

다, 그런데 위 문자메시지는, 그 내용이 실제로 있었던 피해
자의 무분별하고 난잡한 성관계 사실을 피해자에게 알
리는 것으로서 어떤 해악을 고지·암시하는 것은 아니
고, 그 표현은 피해자의 무분별히고 난잡한 성관계 사
실을 비판하는 내용의 단어를 쓰고 있으므로, 표면상으
로 위 문자메시지로 인하여 직접적으로 공포심이나 불
안감이 야기될 것으로는 여겨지지 않고, 다만 위 문자
메시지를 받는 피해자로 하여금 다소간의 모욕감과 불
쾌감을 느끼게 할 수 있을 것으로 보일 뿐입니다.

라, 따라서 위 문자메시지가 피해자에게 공포심이나 불안

감을 유발하는 내용이라고 보기 어려우므로 이 부분 공소사실은 범죄의 증명이 없는 경우에 해당하여 무죄라고 할 것입니다.

특히, 범죄일람표 기재와 같은 문자메시지들은 성적인 표현 위주로 되어 있어 설령 모욕감을 줄 수는 있을지언정, 이를 두고 공포심이나 불안감을 유발한다고 보기는 어렵습니다.

더군다나 형벌법규는 문언에 따라 엄격하게 해석·적용하여야 하고, 피고인에게 불리한 방향으로 지나치게 확장해석하거나 유추해석하여서는 아니 된다는 대법원의 일관된 입장을 감안하여 주시기 바랍니다.

(4) 피고인의 정상참작 사유

피고인은 피해자와 교제하는 과정에서 일어난 이유를 헤어진 것에 감정을 품고 피해자가 먼저 피고인에게 문자메시지를 보내면서 압박을 가한 것에 토로하고 이를 바로잡기 위해 피해자에게 답신으로 보낸 문자메시지로서 누가 보아도 모욕감이나 불쾌감이 없는 것이라는 사실을 참작하여 주시기 바랍니다,

(5) 위와 같은 점을 고려할 때 피고인에 대한 벌금 300만원의

약식명령은 너무도 가중하다 아니할 수 없으므로 피고인은 이에 불복이 있어 정식재판을 청구하기에 이르렀사오니 선처해 주시기 바랍니다.

4. 소명자료 및 첨부서류

(1) 약식명령서   1통

(2) 재직증명서   1부

(3) 가족관계증명서   1통

(4) 피고인에 대한 인감증명서   1통

○○○○ 년 ○○ 월 ○○ 일

위 피고인 : O   O   O   (인)

부산지방법원 서부지원 약식계 귀중

▣ **대한실무법률편찬연구회** ▣

연구회 발행도서
-2018년 소법전
-법률용어사전
-고소장 장석방법과 실무
-탄원서 의견서 작성방법과 실무
-소액소장 작성방법과 실무
-항소 항고 이유서 작성방법과 실제
-지급명령 신청방법

통장가압류 방법과
정식재판청구서 작성실무   정가 24,000원

2018年 10月 5日 1판 인쇄	
2018年 10月 10日 1판 발행	
편 저 : 대한실무법률편찬연구회	
발 행 인 : 김 현 호	
발 행 처 : 법문 북스	
공 급 처 : 법률미디어	

서울 구로구 경인로 54길4 (우편번호 : 08278)
TEL : (02)2636-2911~2, FAX : (02)2636~3012
등록 : 1979년 8월 27일 제5-22호
Home : www.lawb.co.kr

┃ISBN 978-89-7535-689-6 (13360)
┃이 도서의 국립중앙도서관 출판예정도서목록(CIP)은 서지정보유통지원시스템 홈페이
  지(http://seoji.nl.go.kr)와 국가자료종합목록시스템(http://www.nl.go.kr/kolisnet)에
  서 이용하실 수 있습니다. (CIP제어번호 : CIP2018031373)
┃파본은 교환해 드립니다.

분쟁의 소지가 있는 사항들을 심층 분석하고
일목요연하게 집필 하여
유익하고 활용가치가 높은 실질사례서식

13360

ISBN 978-89-7535-689-6

24,000원